《对外汉语泛读教程》编委会

主　编：祝　东

副主编：吕　婧

编　委（以姓氏笔画为序）：

王　萌　支小蓉　田小霞

吕　婧　朱　耐　刘　华

李丹阳　祝　东　郭玉蕾

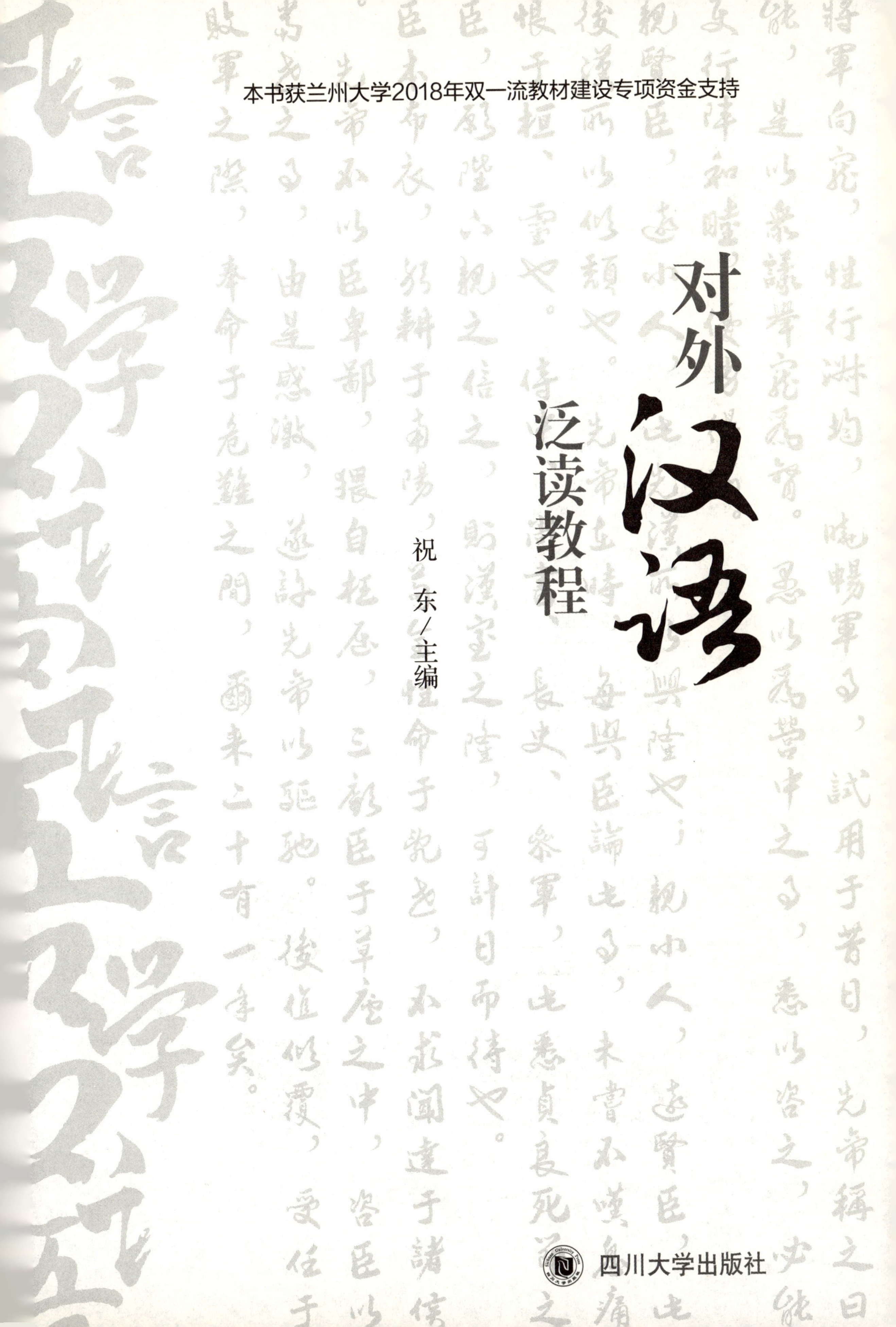

本书获兰州大学2018年双一流教材建设专项资金支持

对外汉语泛读教程

祝 东/主编

四川大学出版社

项目策划：陈　蓉
责任编辑：陈　蓉
责任校对：毛张琳
封面设计：墨创文化
责任印制：王　炜

图书在版编目（CIP）数据

对外汉语泛读教程 / 祝东主编. — 成都 : 四川大学出版社，2020.5
ISBN 978-7-5690-1952-0

Ⅰ. ①对… Ⅱ. ①祝… Ⅲ. ①汉语—阅读教学—对外汉语教学—教材 Ⅳ. ①H195.4

中国版本图书馆 CIP 数据核字（2020）第 078563 号

书名　对外汉语泛读教程

主　编	祝　东
出　版	四川大学出版社
地　址	成都市一环路南一段 24 号（610065）
发　行	四川大学出版社
书　号	ISBN 978-7-5690-1952-0
印前制作	墨创文化
印　刷	成都金龙印务有限责任公司
成品尺寸	185mm×260mm
印　张	16.25
字　数	317 千字
版　次	2020 年 6 月第 1 版
印　次	2020 年 6 月第 1 次印刷
定　价	66.00 元

扫码加入读者圈

◆ 读者邮购本书，请与本社发行科联系。
电话：(028)85408408/(028)85401670/
(028)86408023　邮政编码：610065
◆ 本社图书如有印装质量问题，请寄回出版社调换。
◆ 网址：http://press.scu.edu.cn

四川大学出版社
微信公众号

编写说明

BIAN XIE SHUO MING

适用对象

《对外汉语泛读教程》适合高级汉语水平及以上的汉语言专业本科生、汉语国际教育专业本科生以及进入各文科专业学习的留学研究生使用，也适合国外本土汉语教师及来华的汉语进修教师使用，同时可以作为广大汉语爱好者了解中国文化的现代读本。

教材目标

从对外汉语专项技能训练角度而言，阅读课重在培养学生的阅读能力和阅读技巧，并在此基础上全面提升学生的语言水平和交流能力。特别是高级阶段的阅读，应该以专业阅读为主，统筹好“精读”与“泛读”之关系，做到精泛平衡，全面有序提升学生阅读能力和水平。本着这一目标，本教程做了以下努力：

其一，为了全面提升本教程适用的各类对象的汉语阅读水平能力，编写者遴选了篇幅相对较长的阅读材料，并辅之以相关练习对阅读效果进行检测，以巩固学习者对字词语段的理解，特别适用于对语段、语篇理解能力的训练。

其二，阅读材料以散文为主，兼及其他文体，如说明文，甚至包括少量学术论文，以此拓展学习者的阅读视野，加深其对汉语和中国文化的了解。

其三，每个单元基本围绕一个相同的主题，从不同方面拓展相关的阅读训练，一方面使阅读者在阅读中获得真实的目的语阅读体验，另一方面也是为了让阅读者多角度体验目的语的文化内涵。

其四，练习形式灵活多变，每单元第一篇文章设计的题目兼及字、词、句和语段、语篇的整体把握，随后三篇文章则主要以练习对语段与语篇的把握为主，也即每单元的首篇可以作为精读材料，而随后的三篇文章可以作为泛读材料使用，整体上以泛读为主。

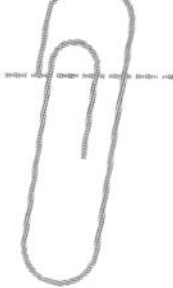

教材特色

本教材以泛读为主，通过精心遴选材料，编成一部长度适中，既能承载中华优秀文化，又能提高学生汉语阅读能力的阅读教材，来提升其适用对象的汉语阅读能力和水平，并对弘扬传播中华优秀文化、推动“一带一路”建设起到一定的积极作用。具体来说，本教程有以下三个突出特点：

首先，反映中华优秀文化。学习汉语和传播中华文化，阅读都是必不可少的实践环节。现行的教学和教材大都是以精读为主，缺乏好的能够反映中华优秀文化的泛读教材，这是我们编写本教程的客观原因。

其次，富有阅读的趣味性和文化知识的丰富性。高年级留学生或者有进一步从事中国语言文化研究工作意愿的学生，缺少相应的课程和教材作为必要辅导，此时再大量阅读文学名著也不现实，因此选择一定量的既能负载传统文化精神，又能提升阅读能力的教材，就显得尤为必要。这种教材必须保证阅读的趣味性和文化知识的丰富性，能让学生乐于阅读，主动阅读，有效促进中华文化的海外传播。本教程在选文上努力贯彻上述精神，以期学习者在阅读过程中不仅能提升语言能力，更能加深对中华文化的理解。

最后，立足“一带一路”倡议的背景，在选文上有意增加与“一带一路”有关的历史人文资料，推动学习者深入了解“一带一路”建设的历史背景和现实意义。

使用建议

本教程共 18 单元，建议学习者每周完成一个单元的学习目标，循序渐进，注意把握好节奏。

本教程虽名为“泛读教程”，但在练习设置上兼顾精读与泛读，精泛并举，以期契合阅读过程中“质”与“量”的辩证关系，在此基础上注重扩大泛读的阅读量。选文篇幅相对较长，读者可以根据自己的时间灵活把握。

每个单元第一篇文章按照精读课程设置辅助练习，而其他三篇文章则按照泛读模式设置辅助练习。学习者可以根据自己的时间安排兼顾精、泛阅读，完成阅读任务，以此扩展中文知识面，增进对中国语言和文化的了解。

目录

MU LU

第一单元

文章一　盘古开天地

文章二　仓颉造字

文章三　伏羲登天梯

文章四　霍去病与五泉山

DI　YI　DAN　YUAN

文╲章╲一

盘古开天地

很久很久以前，当天和地还没有分开的时候，宇宙的景象，只是黑暗混沌[①]的一团，好像一个大鸡蛋。

盘古，这位巨大无比的人类老祖宗，就孕育在这黑暗混沌的大鸡蛋里。他在大鸡蛋里孕育着，成长着，成天地睡着大觉，一睡就睡了一万八千年。

然而，有一天，盘古忽然醒了过来。他睁开眼睛一看，啊呀，什么也看不见，眼前只是漆黑模糊的一片，闷得人怪心慌的。盘古觉得这种状况非常令人烦恼，心里一生气，不知道从哪里抓过来一把大板斧，朝着眼前的黑暗混沌，狠狠用力一挥，只听得一声巨响，大鸡蛋忽然破裂开来。其中有些轻而清的东西，冉冉上升，就成了天；另外有些重而浊的东西，沉沉下降，就成了地。最初，天和地当中还有些地方粘连不断，盘古又去找了一把凿子，左手执凿，右手拿斧，或用板斧砍，或拿凿子凿。盘古就这么威风凛凛地在那里一斧一凿辛勤地工作着，不久就把天和地完全划分开来。

天和地分开以后，盘古怕它们以后还要合在一起，就头顶天脚踏地，站在天地的当中，随着它们的变化而变化。当时，天每天升高一丈，地每天加厚一丈，盘古的身子也每天增长。这样又过了一万八千年，天升得极高了，地变得极厚了，盘古的身子也长得极长了。

---

① 混沌（hùn dùn）：中国传说中指宇宙形成以前模糊一团的景象。

盘古的身子究竟有多长呢？有人推算，说是有九万里那么长。这巍峨的巨人，像一根巨大无比的长柱子似的，直挺挺地撑在天和地当中，不让它们有重归于混沌的机会。他孤独地站在那里，天天做着这个辛苦的工作。不知道又经过了多少年代，天和地的构造似乎已经相当巩固了，他不必再担心它们会合在一起了，他也实在太累了，确实需要休息休息了，有一天，他终于倒了下来。

盘古临死的时候，依然念念不忘自己开辟天地的工作。他口里呼出的气变成了风和云，他的鼾声②变成了隆隆的雷霆，他的左眼变成了太阳，右眼变成了月亮，他的手足和身躯变成了大地的四极和五方的名山，他的血液变成了江河，他的筋脉变成了道路，他的肌肉变成了田地，他的头发和胡须变成了天上的星星，他的皮肤和汗毛变成了大地上的花草树木，他的牙齿、骨头、骨髓等，也都变成了闪光的金属、坚硬的石头、圆亮的珍珠和温润的玉石，就是那最没用处的身上出的汗，也变成了雨和甘霖。

我们的老祖宗盘古，为了世界丰富而美丽，彻底地奉献了自己的一切。

【邵晋文选编《神话故事》】

② 鼾声（hān shēng）：打呼噜的声音。

一、根据文章内容选择正确答案。（从 ABCD 中选择一个最佳答案）

1. 关于很久很久以前“宇宙的景象”，以下哪个说法不正确？（　　）

A. 黑暗混沌

B. 漆黑模糊

C. 万物欣荣

D. 混沌漆黑

2. 以下哪一项不是天地分开之后的景象？（　　）

A. 盘古头顶天脚踏地

B. 天升得极高，地变得极厚

C. 天和地的构造似乎已经相当巩固

D. 黑暗混沌的一团

二、填空

1. 盘古临死的时候，依然念念不忘自己开辟天地的工作。他口里呼出的气变成了__________，他的鼾声变成了__________，他的左眼变成了____________，右眼变成了___________，他的手足和身躯变成了__________，他的血液变成了__________，他的筋脉变成了___________，他的肌肉变成了_____________，他的头发和胡须变成了___________，他的皮肤和汗毛变成了___________，他的牙齿、骨头、骨髓等，也都变成了___________，就是那最没用处的身上出的汗，也变成了__________。

三、文章分析

1. 你还知道哪些中国神话故事？

2. 你们国家有类似的故事吗？请简单举例。

文╲章╲二

仓颉造字

相传仓颉（jié）在黄帝手下当官。

黄帝分派他专门管理圈里牲口的数目、屯里食物的多少。仓颉这人挺聪明的，做事又尽力尽心，很快熟悉了所管的牲口和食物，心里都有了谱，难得出差错。可慢慢地，牲口、食物的储藏在逐渐增加、变化，光凭脑袋就记不住了。

仓颉整日整夜地想办法，他先是在绳子上打结，用各种不同颜色的绳子表示各种不同的牲口、食物，用绳子上打的结代表数目。但时间一长久，就发生问题了：增加数目时在绳子上打个结很简单，而减少数目时在绳子上解个结就麻烦了。仓颉又想到了在绳子上打圈圈，在圈子里挂上各式各样的贝壳，用贝壳来代替他所管的东西。这种方法一连用了好几年。

黄帝见仓颉这样能干，分配给他的事情愈来愈多，年年祭祀的次数、回回狩猎的分配、部落人丁的增减，也统统叫仓颉管。仓颉又犯愁了，凭着添绳子、挂贝壳已不抵事了。怎么才能不出差错呢?

这天，他参加集体狩猎。走到一个三岔路口时，几个老人为往哪条路走争辩起来。一个老人坚持要往东，说有羚羊；一个老人要往北，说前面不远可以追到鹿群；一个老人偏要往西，说有两只老虎，不及时打死就会错过机会。仓颉一问，原来他们都是看着地下野兽的脚印才认定的。仓颉心中猛然一喜：既然一个脚印代表一种野兽，我为什么不能用一种符号来表示我所管的东西呢？他高兴地拔腿奔回家，开始创造各种符号来表示各

种事物，果然把事情管理得井井有条。

黄帝知道后，大加赞赏，命令仓颉到各个部落去传授这种方法。渐渐地，这些符号的用法全面推广开了。就这样，人类开始有了文字。

仓颉造字，黄帝器重他，人人称赞他，他的名声越来越大。仓颉的头脑就有点发热了，眼睛慢慢向上移，移到头顶上去了，他什么人也看不起，造的字也马虎起来。

这话传到黄帝耳朵里，黄帝很恼火，他眼里容不得一个臣子变坏。怎么叫仓颉认识到自己的错误呢？黄帝召来了身边最年长的老人商量。这老人长长的胡子上打了一百二十多个结，表示他已是一百二十多岁的人了。老人沉吟了一会，独自去找仓颉了。

仓颉正在教各个部落的人识字，老人默默地坐在最后一排，和别人一样认真地听着。仓颉讲完，别人都散去了，唯独这老人不走，还坐在老地方。仓颉有点好奇，上前问他为什么不走。老人说："仓颉啊，你造的字已经家喻户晓，可我人老眼花，有几个字至今还糊涂着呢，你肯不肯再教教我？"

仓颉看这么大年纪的人都这样尊重他，很高兴，就催他快说。

老人说："你造的'马''驴''骡'字，都有四条腿吧？而牛也有四条腿，你造出来的'牛'字怎么没有四条腿，只剩下一条尾巴呢？相反，鱼儿没有四条腿，只有一条尾巴，你造的'鱼'字怎么多了四条腿，而没有尾巴呢？"

仓颉一听，心里有点慌了：自己原先造“鱼”字时，是写成“牛”样的，造“牛”字时，是写成“鱼”样的，都怪自己粗心大意，竟然教倒了。

老人接着又说：“你造的‘重’字，是说有千里之远，应该念出远门的‘出’字，而你却教人念成重量的‘重’字。反过来，两座山合在一起的‘出’字，本该为重量的‘重’字，你倒教成了出远门的‘出’字。这几个字真叫我难琢磨，只好来请教你了。”

这时仓颉羞得无地自容，深知自己因为骄傲铸成了大错。这些字已经教给各个部落，传遍了天下，改都改不了。他连忙跪下，痛哭流涕地表示忏悔。

老人拉着仓颉的手，诚挚地说：“仓颉啊，你创造了字，使我们老一代的经验能记录下来，传下去，做了件大好事，世世代代的人都会记住你的。你可不能骄傲自大啊！”

从此以后，仓颉每造一个字，总要反复推敲字义，还先拿去征求人们的意见，一点也不敢粗心；大家都说好，才定下来，然后逐渐传到每个部落去。

【邵晋文选编《神话故事》】

一、文章分析

1.“黄帝见仓颉这样能干，分配给他的事情愈来愈多，年年祭祀的次数、回回狩猎的分配、部落人丁的增减，也统统叫仓颉管”中的“年年”“回回”是否可以删除？为什么？

2. 根据图片，书写汉字。

（　　）　（　　）　（　　）　（　　）　（　　）

文╲章╲三

伏羲登天梯

古代汉民族中，有这样一些关于伏羲的神话传说。

据说在中国西北几千万里的地方，有一个极乐的国土，叫做“华胥氏之国”。那里的人寿命都很长，他们能够走进水里不怕水淹，跳进火里不怕火烧，在天空中往来如履平地，云雾遮碍不了他们的视线，雷霆也搅乱不了他们的听闻。这个国家的人民，实在就是介乎人和神之间的地上的神仙。

在这极乐的国土上，有个叫做华胥氏的姑娘。有一次，她到东方一个林木葱茏、风景美好的大沼泽——雷泽去游玩，偶然看见一个巨人的足印出现在沼泽边，觉得又奇怪又好玩，就用自己的脚踩了踩这巨人的足印。这一踩不打紧，她仿佛受了什么感应，后来就怀了孕，生了一个儿子，名叫伏羲。

雷泽边上出现的这个巨人的足印是谁的呢？原来是雷泽的主神雷神的足印。这雷神是一个人头龙身、半人半兽的天神，常常用手拍打着自己的肚子，在雷泽附近游玩。每拍一下，就放出一个响雷。华胥氏踩了雷神的足印才生出伏羲，伏羲当然就是雷神的儿子。

伏羲，这个天神和人间极乐国土的女儿所生的儿子，他本身具有充分的神性。神性的证明之一，那就是他能够缘着一道天梯，自由自在地往来于天地之间。

天梯有两种，一种是山，一种是树，都是不假人力、自然生长的东西。

昆仑山就是山当中的天梯，登上它最高的山峰，就能直达天庭。伏羲攀登的不是作为山的天梯，而是一棵大树。这棵大树名叫建木，生长在西南的都广之野。它的形状很是奇怪：它那细长的树干笔挺地耸入云霄，两旁不生枝条，只在树的顶端生了些弯弯曲曲的树枝，盘绕起来像一把伞盖，树根也是盘曲交错的。更奇怪的是扶着它的树干一拉，就有软绵绵的扯不断的树皮剥落下来，像拴帽子的缨带，又像黄蛇。

据说，都广之野是天地的中心，有名的神女素女便住在这里。这里真是一个好地方，不管冬天夏天，百谷都能播种，产出来的米、黍、豆、麦，又白又滑，好像脂膏。那里聚集着各种各样的飞禽走兽，时常可以听到鸾鸟的歌唱，看到凤凰的舞蹈，草木冬夏常青，可以说是地上的乐园。

那棵极长的具有天梯性质的建木，就生长在乐园的中央。乐园本是天地的中央，这座天梯更是天地中央的中央，所以到了正午，太阳照在树顶上，连一点影子都看不见，站在那里大吼一声，声音马上会消失在虚空之中，四面八方没有一点回响。

这棵居于天地中央的天梯建木，原是中央天帝黄帝运用他的神通和法力制造的。各方的天帝就把它当作上天下地的楼梯。他们缘着这棵直入云霄的细长的树，爬上去又爬下来。伏羲就是首先去爬这棵树的人。伏羲后来成了东方的天帝，作为他神力的证明，单是这一点，就已经很充足了。

伏羲对人类有过许多贡献。据说，他根据阴阳变化的道理画出了八卦，用八种简单而含义深厚的符号概括了天地间万事万物的变化规律。他又模仿蜘蛛结网，发明创造了网罟[①]，教导人们拿它去打猎捕鱼。他又把山林间自然产生的雷火送给人类，教导他们用火烤肉吃，以免吃多了生肉不消化。

除此之外，伏羲还创制了瑟这种乐器，还作了一支叫做《驾辩》的乐曲。人类文

① 罟（gǔ）：捕鱼的网。

明的曙光，在伏羲时代，就璀璨地放射出来了。

后来，伏羲做了东方的天帝，辅佐他的是木神句（gōu）芒，他俩共同管理着东方一万两千里的地方。句芒是西方天帝少昊的儿子，他长着人的脸，鸟的身子，驾了两条龙，手里拿了一个圆规，象征着春天和生命。当句芒出现在世间的时候，就宣告着春天已经来临，生命也随之勃发了。

【作者：佚名】

一、文章分析

1. 人们常说“三皇五帝”，你知道“三皇五帝”中除了伏羲还有谁吗？

2. 请简要概括伏羲的贡献。

文＼章＼四

霍去病与五泉山

相传在两千多年以前，也就是在西汉的时候，汉武帝派骠骑大将军霍去病率领二十万人马出征匈奴。

大军从长安出发了，浩浩荡荡，一路西进，经过许多天的艰苦行军，在一天日暮黄昏的时候，来到了一座光秃秃的山前。这时，全军上下已是人困马乏，又饥又渴。而前面的路又崎岖不平，十分难走。霍去病便命令三军在山下扎营，埋锅造饭，准备让将士们好好休息一宿，明日一早，趁凉赶路。

大营很快扎好了。霍去病正和众将在军帐中议事，突然一小校来报："无水做饭。"

霍去病便命令各营派人四处找水。

天色渐渐暗了，出去找水的人先后回来了，一个个愁眉苦脸，回答都是两个字：无水！

怎么办呢？霍去病和几个将领站在山坡上，看着静静的军营。淡淡的月光下，兵士们把地上稀疏的小草拔起来放进嘴里嚼着，用那一点点苦涩的汁水解渴。战马卧在地上，用舌头舔着已经冷下来的石头……

霍去病平时是十分爱护将士们的，这会儿，看着人马渴成这样，心里十分难受。而且，以后还得从这条路经过，难道每次都这样吗？他把脚一跺，牵过战马，要亲自出去找水。

像这样干得连草都长不好的地方，哪来的水呢？将士们连忙劝阻。

性烈如火的霍去病，呼地一声拔出宝剑："我就不信这地方没水！"说着，举起剑对着身边的石壁，"唰"地刺了过去，只见寒光一闪，宝剑在石头上磕出了几朵火花，深深地插进了石壁，只留下剑柄在外面。周围的将士们都惊呆了！霍去病气恼地"哼"了一声，拔出宝剑，突然一股清澈的水从剑洞里流了出来，落在石头上，四处溅开，像撒下了一把晶亮的珠子。

将士们又惊又喜，纷纷拥上来，一个个用手捧起清凉的水，喝着、笑着。

霍去病看人多水少，又接连在山上山下刺了四剑，处处都有清泉流出。将士们用这些清水洗去征尘，饮饱战马，煮好晚饭。全军上下，喜气洋洋。

第二天一早，霍去病又率领大军出发了。而那五处泉水，仍在不停地流着。因为有了水，后人便在山上种了树木花草，修了亭台楼阁，使这里成为风景秀丽的游览胜地。这就是现在坐落在兰州城南侧的五泉山，那五个泉的名称是：甘露泉、惠泉、蒙泉、摸子泉、掬月泉。

【李金寿搜集整理】

一、文章分析

1."大军从长安出发了，浩浩荡荡，一路西进"中"浩浩荡荡"表现了什么？

2. 试着找出和五泉山命名方式一样的地名，并查阅资料，了解这个名字的具体来源是什么。

第二单元

DI　ER　DAN　YUAN

文／章／一

“丝绸之路”前身为“玉石之路”

哲学家有关“熟知非真知”的告诫，对于认识“丝绸之路”等被现代人命名的历史现象十分有益。一种命名一旦通过语言的约定俗成作用流行开来，就会在人云亦云的语境作用下形成成见，超越世俗观点而洞察事物真相的可能性也就随之逐渐变小。

一、丝绸之路“小传统”与玉石之路“大传统”

自从 1877 年德国地理学家李希霍芬提出“丝绸之路”的命名以来，相关的中文和外文著述已汗牛充栋[①]。就其命名之初的解说来看，李希霍芬指的是从公元前 114 年到公元 127 年，中国河套地区以及中国与印度之间以丝绸贸易为媒介的这条西域交通路线。其中，西域泛指古玉门关以西至地中海沿岸的广大地区。后来，史学家把沟通中西方的商路统称为“丝绸之路”。因其历史上下跨越两千多年，涉及陆路与海路，按线路划分，有“陆上丝路”与“海上丝路”之别。近年来，人类学界倡导以文字书写的有无为标准，重新划分大、小传统，即将有文字以来的传统视为“小传统”，将先于和外于文字记录的传统视为“大传统”。这样来看，“丝绸之路”的命名恰好是着眼于以文字记载的张骞通西域事件为起点，属于典型的“小传统”知识范围内的命名，缺乏更加深远的“大传统”之观照，也就完全

① 汗牛充栋：形容藏书很多。

忽略了夏、商、周以来中原国家对西域重要战略资源的依附关系及玉石贸易通道，无法洞察所谓“丝绸之路”的前身其实正是“玉石之路”。

西方人自古就艳羡来自中国的丝绸，而中原人自古就喜欢产自新疆的和田美玉。在阿拉伯人和西方人眼中，这条连接着欧亚大陆两端的东西方大通道，当然就是“丝绸之路”。而在中原人眼中，西去之路被称为“玉石之路”或许更为准确。这里的差异是外来文化视角和本土文化视角的差异。西学东渐以来，伴随着西方文明价值的殖民化进程，我们接受了太多太多的外来视角、外来理论和外来观念。“丝绸之路”说就这样日渐兴旺和流行起来，最终压倒和淹没了更加悠久的“玉石之路”的真相。在本土文化重新获得文化自觉意识的今日，需要用批判性的眼光来对这些外来的文化价值给予重估和再权衡。其结果，无非是替代或修正外来的“丝绸之路”说，代之以“玉石之路”或“玉石—丝绸之路”。

二、玉石神话信仰驱动华夏文明传播

从全球范围来看，比丝绸要早得多的跨地区的国际贸易对象是玉石，以及由玉石资源开发所派生的金属矿石。对“玉石之路”的学术研究直到最近几十年才开始，从长达四千年之久的“玉石之路”发展演变为有着两千年历史的“丝绸之路”，这期间的全过程，值得做多学科的深入探讨。不论是丝绸贸易之路，还是茶马古道、香料之路等，都是在文明史“小传统”中出现的，都不具备文明发生的动力意义。只有新石器时代末期以来的文化、贸易通道才具备这样的意义。而这样的文化传播通道，在考古学这门不依赖文献知识的学科问世之前是人们无从知晓的。

对于华夏文明而言，文明发生背后的一个重要动力是玉石神话信仰。除了玉石本身的颜色引发的天之联想以外，每一种史前玉器的形制都隐约潜含着某种神话观念，最初出现的玉玦（jué）、玉璜（huáng）是这样，随后出现的玉璧、玉琮、玉璋、玉琥（hǔ）等也皆是如此。玉石崇拜具有巨大的传播力，从八千年前开始，用了大约四千年时间，基本上覆盖了中国。其大致的传播路线是，先北方，后南方，最后进入中原。第一波为“北玉南传”，第二波为“东玉西传”，在 4500 年前扎根中原，以山西的陶寺文化玉器和下靳墓地玉器为代表。中原地区规模性的玉礼器生产伴随着王权崛起而揭开序幕，在此过程中，西北的齐家文化起到了重要的推动作用。一方面，齐家文化接受了来自东方的玉器崇拜观念，大量生产以玉璧、玉琮、玉刀为主的玉礼器，成为夏、商、周三代玉礼器的重要源头；另一方面，齐家文化因占据河西走廊的特殊地理位置，开始将新疆和田玉输入中原地区，开启商、周两代统治者崇拜和田玉的先河。我们将此过程称为“西玉东输”。自此以后，遥远的新疆就成为中原华夏王权不可或缺的战略资源供应地。史前地方玉的地位则相形见绌，经过儒家君子观“温润如玉”理念的熏陶，和田玉独尊的现象一直延续至今。

以《穆天子传》所反映的西周最高统治者的西域资源诉求来看，玉石是中原统治者最渴望得到的战略物资，对于建构中原王权意识形态起到重要的作用。周穆王西去昆仑山之前，要先循着黄河流向去探索古老的“玉石之路”。所以他从中原出发的第一站不是向西进入甘肃，而是向北去往河套地区。如果对“大传统”的玉器信仰和相关神话观念缺乏认识，就无法理解周穆王沿着黄河而去西域的支配性要素，那就是华夏先民关于“河出昆仑”和“玉出昆岗”的神话地理想象。周穆王去河套地区为的是用玉器祭祀黄河。这种宗教行为背后的动机仍然是神话信仰。文本叙事说：“河宗柏夭逆天子燕然之山，劳用束帛加璧。”这里提到两种重要物品，一是束帛，二是玉璧，二者的结合正可以体现华夏崇尚的“化干戈为玉帛”的价值理念。具体地看，束帛即丝绸，它是用来包装玉礼器的。周穆王祭献给黄河的正是西周王朝专产的玉璧。如果要追问西周生产大量玉礼器的原料产地，那就是自甘青到新疆的祁连山与昆仑山地区。

三、玉石之路是独特的文化资源

从史前玉器时代到青铜时代的转变，伴随着重要的兵器和礼器革命。从玉石戈到青铜戈的演变过程，可以看出华夏戈文化的源流及其文明发生意义，可以揭示西北游牧文化元素对中原文明建构的影响，特别是夏、商、周时期“玉石之路”东段的三条道路：北道即黄河道，中道即泾河道，南道即渭河道。由这三条路径的存在及其文化传播作用，论说以陕北石峁（mǎo）文化及甘肃平凉地区方国卢方等为代表的西北玉兵器文化对中原王权玉礼器体系形成的贡献。

中国远古形成的神话地理观，有两个最核心的观念：“河出昆仑”与“玉出昆岗”。

神话学视角成为上古玉文化研究的有力突破口，“玉石之路”与黄河上游河道的神话性重合，值得做深入研究。从河西走廊的齐家文化玉器到中原史前玉器的关联性，可以看到中国文化东部板块与西部板块千百年来凝聚为一体的关键要素。对豫、晋、陕、甘、宁、青、新七省区的“玉石之路”的调查和研究，可阐明夏、商、周三代王室用玉资源的由来，可解释为什么万里以外的和田玉能成为中国历代帝王所一致推崇的意识形态符号，这将是中华文明起源研究的重要组成部分。

“玉石之路”是中华文明特有的文化资源，其深厚的历史文化蕴涵以及可探讨和可持久开发的文化附加值是不可估量的。

【作者：叶舒宪】

一、根据文章内容选择正确答案。（从 ABCD 中选择一个最佳答案）

1. 关于“丝绸之路”，以下哪个说法不正确？（　　）

A. 以丝绸贸易为媒介的西域交通路线

B. 由德国地理学家李希霍芬提出

C. 有着近千年的历史

D. 有“陆上丝路”与“海上丝路”

2. 关于“丝绸之路”与“玉石之路”，以下哪个说法正确？（　　）

A. 差异是由外来文化视角和本土文化视角的不同引起的

B. “玉石之路”说压倒和淹没了“丝绸之路”说

C. 对“玉石之路”的学术研究早就开始

D. “玉石之路”有四千年之久，“丝绸之路”有近千年历史

二、文章分析

1. 如何理解“对于华夏文明而言，文明发生背后的一个重要动力是玉石神话信仰”？

2. 你觉得能代表中国的文化符号有哪些？请简要说明理由。

文／章／二

丝绸之路上的敦煌印象

在敦煌，重新体会“人类命运共同体”和“一带一路”概念，有一种拈花微笑[①]的会心。前者是理想，后者是实现理想的方法论。当我们把人类视为一个生命体时，经络的通畅就显得格外重要。中医讲，通则不痛，痛则不通。“一带一路”，正如“人类命运共同体”的血管和经络。而作为国家权威媒体的人民日报社连续三年举办的“一带一路”媒体合作论坛就像中医里面以意领气的导引，对“共同体”和“一带一路”的建设具有意气先行的作用。与前几次论坛不同的是，这次由人民日报社主办、人民日报海外版承办的论坛，把“丝路文化发展论坛”纳入立体进行，更加具有整体辩证、心体共养的味道。正如莫高窟里的塑画像，媒体论坛是肢体，文化论坛是色彩。如此，大大增强了论坛的色彩感，给人一种花雨缤纷的感觉，让人真正感受到“文化敦煌”的味道。

拙著《写意宁夏》有幸被纳入“丝绸之路名家精选文库”，在一定程度上折射了丝路宁夏段人民的心性和伦理，道德和人情，也算是向世界展示宁夏的一张文学小名片。在莫高窟，我十分惊喜地看到了“四龙扶凤”的窟顶意象，解说员说，这样的意象在全国独一无二，正是西夏女性崇拜文化留下的历史印迹。作为来自西夏古都银川的一位作家，我深为这种时空际会感动。

---

① 拈花微笑（niān huā wēi xiào）：原为佛家语，比喻彻悟禅理。后比喻彼此心意一致。

新形势下，如何讲好“一带一路”的中国故事，如何在“一带一路”语境下加快推进中外文化的沟通与交流，是值得我们思考的问题。敦煌这片土地有许多值得我们借鉴学习的地方，特别是莫高窟。

莫高窟能够成为千古绝唱的原因有很多，其中有几点是肯定的，那就是建造者不怕困难、不畏牺牲的理想主义精神和无我无求、献身事业的生命姿态。除此之外，他们还把价值观和方法论做到了完美结合，把形而上和形而下做到了完美结合，把外来文化和本土文明做到了完美结合，把书法美术和建筑雕塑做到了完美结合，把自然天成和人工巧制做到了完美结合。他们在寻找能够穿越时空、民族、文明、文化的最大公约数。北魏的高大威猛，隋朝的华丽柔美，唐朝的豪迈大气……每个时代的审美优点都被充分放大。

参观完莫高窟，仰视着嵌入蓝天被丝丝白云装点的红褐色九层楼，我的脑海里突然产生了“既敦又煌，莫与之高”的句子，发在朋友圈，创下了点赞数的最高纪录，它让我想到了“敦煌”二字的会意。

“敦”是古食器，在祭祀和宴会时盛放黍、稷、稻、粱等作物，象征着富足和丰殷；“煌”是大批跟随者点燃的火炬或篝火[②]，象征着温暖和光明。

无论哪个国家，哪个民族，在对“富足和丰殷”“温暖和光明”的追求上，都是

② 篝火（gōu huǒ）：主要指在野外空地上架起木柴、树枝燃烧的火堆。

一致的，于此，再来理解“人类命运共同体”的“共”和“一带一路”的“一”，就有陡然让人一震的深邃意味。设若人类能够找到并遵守价值观的“共”，方法论的“一”，生存自然会“敦”，生活自然会“煌”，生命自然会“高”。

无疑，这是人类“莫与之高”的理想。

这也许是千百年前，先人们留在这条河西走廊的隐喻。

由此，我在想，斯坦因等探险家之所以对莫高窟藏经和壁画如此着迷，也许有着他们潜意识深处的渴望，那就是这些经卷和壁画无一例外地散发出的仁爱、包容、奉献、牺牲、清静、平等、觉悟、自由、和平、大同的光芒和芬芳。

【作者：郭文斌】

一、文章分析

1. 莫高窟为什么能够成为千古绝唱？

2. 你是怎么理解“既敦又煌，莫与之高”的？

文＼章＼三

祁连山的叩问

车队爬上乌鞘岭[①]，气温急剧下降到十三四摄氏度，而且下起了雨。各个车里敏锐的摄影人，立马发过来一大组阴云密布的照片。我发回去两句话的感想：这些照片拍出了西部内在的悲怆感，万里铅云都是泪呀！为了拉动丝路旅游，关注西部各处景点的吃、住、行、娱、购、游，这并不错，也的确有必要。但坦率地说，在我内心，不大情愿拿西部来消费，拿丝路来娱乐。这是一个深知西部的人的感情。

车队路过中国镍（niè）都金昌市，我注意力开始集中，目不转睛地盯着车窗两边高速路以外的原野。20 年前我两次路过这里，我知道，一个浓缩着重要历史信息的路段快要到了。西部将要展示它苦难的一面和振兴的一面。

不一会儿，路北边出现了层层叠叠的小土堆，成片成片展开。不要吃惊，这是当年西征的红军西路军，在遥远而又遥远的河西走廊留下的无名墓地。为了一个美好而执着的理想，成千上万的年轻人在寡不敌众的惨烈战斗中，在饥饿的长途跋涉中，倒在了这片荒凉的沙土中。他们用热血和尸骨养育出丛丛沙蒿，一年一年向世人宣告自己永不消逝的生命。西路军西征的路，其实是另一条丝路，是友谊和平之路、丝绸瓷器之路、乐舞茶叶之路之外的另一条铁血丝路。

---

① 乌鞘（shāo）岭：位于甘肃省武威市天祝藏族自治县中部，是陇中高原和河西走廊的分界线，也是半干旱区向干旱区过渡的分界线。

我对车友说，不到半小时的车程，在路的南面还会出现一片更破败简陋的墓地。它应该是一个甲子以来，流放西部的囚徒的墓地群。

自古以来，荒凉的西部就是罪与罚的流放地。西风和落日是西部环境悲剧的原型。西风使春的生机和夏的繁盛成为过眼烟云，“快倚西风作三弄，短狐悲，瘦猿愁，啼破冢”（清·陈维崧《夜游宫·秋怀》），这是何等悲凉！古人茄丰弯腰躬行的“扶伏民”形象，则是西部人物悲剧的原型。在《太平御览》中有“扶伏”条目的记载，还在蚩尤、炎黄时代，轩辕黄帝就将罪臣茄丰流放到玉门关以西的地方。这位传说中的第一个西部流亡者，据说是怀着强烈的原罪感一路躬腰匍匐[②]西行的。他流落在西部的后裔，从此便成为“扶伏民”，这个名称大约是被制伏归顺的意思吧。这些西部流放者无名无姓无亲无故地长眠在此，他们孤独吗？寂寞吗？还有人会想着这些曾经有血有肉、鲜活的生命吗？

哦，我苦难的西部！为什么在大慈大悲的西天极乐世界之下，竟是一片如此大苦大难的土地呢？有谁能回答我？

但是我始终没有找到这一大片我曾经看到过的囚徒的墓地，高速路两边，是大片大片的绿地，大片大片渐黄的麦田，还有铺向天边的向日葵、油菜。这里的气候使农事季节比内地整整晚了两个月，河西走廊让我们又经历了一次春末夏初的日子。这里的草地、麦田、油菜花田的面积之大、之气派几乎可以与东北粮仓“北大仓”媲美——

② 匍匐（pú fú）：爬行。

是的，它的确被称为甘南的粮仓。一行麦子是一个结实的句子，大片的麦地是大篇金色的文章，告诉我这里的变化。

再往前走，便到了山丹军马场，中国最早最大的国有军马场，汉唐以来为皇家、为战争繁殖、养育、训练军马的地方。记得那年初夏，我与几位书画家来这里，躺在山坡茵茵的草坪上，与静静的云彩对视，似乎可以听见绿草“噼啪”地拔节。陶醉在周遭优美的绿色弧线之中，让人有一种眩晕感。你不由得会忘记这里的宁寂恬静竟是曾经孕育厮杀的地方，这和谐闲适的情境深处竟然是一部刀光剑影的历史。

在张掖交接通关文的仪式上，中铁电气化集团西安电化公司的职工表演了他们自编自演的反映高铁建设的歌舞，舞台上响起了久违的劳动者自己吼出来的劳动号子。在接受采访时，张宝柱董事长介绍了在建的兰新高铁项目。这条 1700 公里的高铁将成为新丝路的标志，成为西部拱起的脊梁。在这里电气化网线接触网工自称“祁连山蜘蛛侠”，也有“祁连山八姐妹”，终年贴在崇山峻岭上施工。

对这条铁路我早就略知一二，原因是我的一个外甥任少强是中铁二十局的总工程师，承担了打通祁连山隧道群最艰巨的任务。此前，他们局曾因出色完成青藏铁路的隧道工程，解决了世界上海拔最高冻土层施工的种种科技问题，获得国家科技进步奖。有一部描写他们的长篇报告文学作品《天路》，煌煌几十万字，对他们有详尽描写。少强在现场如何指挥、如何工作不得而知，但十几年来，家族的春节聚会极少见到他在场，一问便是“又去青藏线了”“又去祁连山了”……

西部人不再像茄丰那样弓着腰了，新丝路上行走的是一个个挺起了脊梁的人物，夸父般的人物。

【作者：肖云儒】

一、文章分析

1.“这些照片拍出了西部内在的悲怆感，万里铅云都是泪呀！”请分析这里为什么不能用“悲伤”？

2.“铁血丝路”代表着什么？

文／章／四

敦煌风俗漫记

敦煌的鸣沙山和月牙泉是自然的瑰宝，生于斯长于斯的敦煌人，每逢节日都要来到这里，把自己心中美好的愿望，寄情于沙与水。实际上，千百年来，鸣沙山、月牙泉一直是敦煌风俗的大舞台，被嵌入民族民间文化的巨大洪流之中。

鸣沙山、月牙泉的神奇就在于沙与水的共存。沙漠茫茫而泉水如月，在遥远的年代，人们无法解释清楚这离奇的自然现象，只能把它归结于神灵的护佑，因此，很早以前就在这里建有雷音寺，把象征这一自然奇观的神仙供奉起来，让来到这里的人焚香、祭祀、朝拜。岁月的风霜吹落，雷音寺残存旧迹，但月牙泉、鸣沙山依旧。后来，敦煌人修复了雷音寺，全寺占地面积 43 亩，建筑面积 3000 多平方米，寺门向西开，全寺由一个正殿、两个配殿和僧房、施主客房组成，共有殿阁房舍百余间，供奉佛、菩萨、罗汉、弟子塑像 37 身。其中，正殿为大雄宝殿，殿内有一尊白玉佛像，是缅甸华侨捐赠，佛像两侧各塑菩萨一身，并有十八罗汉的彩塑像。

在鸣沙山、月牙泉，除了信教群众举行的佛事活动，乡民们在五月端午的时候，也要汇集于此，带上自家做好的粽子，在鸣沙山，把红、黄、蓝、白、黑五色沙粒装进由同样五色布料缝制的布兜里，戴在孩子的脖子上。传说，孩子戴了装有鸣沙山五彩神沙的布兜，可保四季平安。从汉唐开始，鸣沙山、月牙泉就是敦煌当地人和外来商旅使者登沙山、观泉景的游览胜地。唐代的时候，月牙泉中有画舫，人们可以坐在游船上边喝茶饮酒，边

欣赏湖光沙色。所谓“胜地灵泉彻晓清，渥洼犹是昔知名。一弯如月弦初上，半璧澄波镜比明。风卷飞沙终不到，渊含止水正相生。竭（qì）来亭畔频游玩，吸得茶香自取烹”（清·苏履吉，《敦煌八景咏·其五·月泉晓彻》）。鸣沙山因沙动有声而得名，《沙州都督府图经》上说：“其山流动无定，峰岫不恒。俄然深谷为陵，高崖为谷；或峰危如削，孤岫如画；夕疑无地，朝已干宵。中有井泉，沙至不掩，人马践之其声如雷。”鉴于此，滑沙也渐渐成为敦煌人在鸣沙山上常常开展的活动之一。人随沙下，沙浪翻滚，其声阵阵，如同战鼓擂响，其乐融融。在今天的鸣沙山，滑沙已是一项群众性的体育项目，前来鸣沙山的旅游者也乐此不疲。

月牙泉宽四五丈，长十五六丈，碧波荡漾的泉水中，七星草丛生，铁背鱼漫游。可别小看了这七星草和铁背鱼，它们可都是名贵的中药材，传说人食之则长生不老，因此，月牙泉又有药泉之称。敦煌人来到月牙泉，先是拿出坛坛罐罐，装满泉水，所有的人一人一口，品尝甘甜的药泉水，祛病健身；然后，用泉水洗眼睛。相传，用神泉里的水洗了眼睛，不会有眼疾。

鸣沙山下有大片的枣林和杏林，出产有名的鸣山大枣和敦煌李广杏。乘兴而来的人们，在鸣沙山、月牙泉尽兴之后，在这里纳凉品尝，也是一件其乐无穷的事情。

【作者：胡杨】

一、文章分析

1. “胜地灵泉彻晓清，渥洼犹是昔知名。一弯如月弦初上，半璧澄波镜比明。风卷飞沙终不到，渊含止水正相生。竭来亭畔频游玩，吸得茶香自取烹。”请你简要概括其意义。

2. 谈谈你们国家的旅游胜地。

第三单元

DI　SAN　DAN　YUAN

文／章／一

在长城上

长城号称万里，事实上今天我们所看到的明长城有一万二千七百多里。它蜿蜒在沙漠上，盘旋在丛岭间，虽然是已具有两千两百多年历史（从秦始皇修筑长城算起）的遗迹，但它仍然充满了生命。它像一条长龙，似乎是在奔驰，又似乎是在准备起飞。当然这只是一种印象——你向它远眺时所获得的一种印象，特别是当你从北京驱车一程一程地开向八达岭的时候。这个印象只有当你登上它的时候才有实质性的改变：你会觉得它像一个奇特的堡垒。这里所谓“奇特”，是因为它并非我们在习惯中所理解的那种单一的建筑，它是一大长串，堡垒一个接着一个，连成一气，看上去不知是从什么地方开始，也不知是到什么地方结尾。

八达岭是这一系列堡垒中最富有代表性的单元。这里墙身高大坚固，外壳全是用整齐的巨大条石筑成，城顶上铺砌着方砖，十分平整。虽然城墙是下宽上窄，但在长城顶上五六匹马都可以并肩前进。墙顶靠外的一侧有高达两米的垛口，垛口上都还有瞭望口，垛口下面则是用作射击的小洞。由于地势陡峭，城墙靠内的一侧还有券门，开向一系列通到外边地面的阶梯，士兵可以从这里上下。这样一座堡垒，进可以攻，退可以守，但它们又与一般堡垒不同，它们的数目是那么多，紧接不断，一望无际！

但这些堡垒使你感到更惊奇的地方，恐怕还不一定是它们那庞大的规模和气魄，而是一件相比之下似乎微不足道的东西：修筑它们外壳的那些条石。这些条石会使人联想起那些耸立在开罗郊外吉萨的金字塔。金字塔

上的条石和这里的条石都有一个共同点：整齐，但是非常沉重，每一块恐怕要重一吨有余。这就会使人发问：它们是怎样从采石场被运到这阿拉伯沙漠之上或中国崇山峻岭之巅的呢？就是在我们拥有巨大马力起重机的今天，这恐怕还是一个难题。当然，吉萨的地理条件要比像八达岭这样的高山好得多：它靠近尼罗河畔，有水路运输的便利。但是我们修筑长城的祖先是怎样把它们搬到这些“塞外”的高山上的呢？这对今天的人说来，仍然是一个费思索的谜。

但长城终于还是修筑成了，而且修筑得那么好。经过了千百个寒暑，它今天仍然巍然地屹立在我们面前。这是我们现在亲眼看到的事实。在这个事实的后面，我们不难想象，这个古老的建筑该是凝集着我们祖先的多少血、泪和汗。据历史的记载，修筑长城的秦始皇——自称为“天下第一皇帝”——征集了百万劳动大军来完成这项工程。当时全国人口只不过两千万左右，其中男劳动力也不过是五百万。他修筑长城就一下子调走了全国五分之一劳动力！这会给生产带来多大的灾难：田园荒芜，接踵而来的必然是饥馑①。事实上也是如此。但就修长城这项工程本身而言，一百万的壮工也并不一定就能完成任务。然而任务还是完成了，而且质量也还不坏。这说明什么呢？这说明这个建筑除了渗透了我们祖先的血和汗外，还体现出他们的聪明和才干。当然它也暗示着，为了完成这个任务，那位始皇帝派下来的监工，该是在这修筑工人的背上挥

① 饥馑（jī jǐn）：灾荒之年，庄稼没有收成。

动了多少千万次皮鞭和刀剑。难怪在中国人民的心目中，长城不仅具有生命，而且还充满了感情。传说中的孟姜女，为了给修筑长城的丈夫送去寒衣，不惜跋涉万里，来到长城的工地。当她发现丈夫已经不在人世的时候，她的一声哀哭就感动了这座坚固的建筑，突然有一段崩塌——作为对她的同情，也是对那位“天下第一皇帝”的抗议。

因此也不难理解，统一了中国、建立了中央集权制度、规范了全国的文字、确立了通用的度量衡标准的这位“天下第一皇帝”，他的王朝在中国历史上却短得不能再短。最具有讽刺意味的是，为了保证他的帝国长治久安，他放心不下知识分子，他有计划地活埋他们，也烧掉他们以及他们前人的著作。可是事与愿违，正是他用这种政策所“培养”起来的“愚民”——那些陷于饥寒交迫境地的农奴，起来造了他的反。他的王朝不到二十年就灭亡了。

但长城终究是广大人民血汗和智慧的结晶。它是不灭亡的。秦始皇当初设计它的意图，是想把“塞外”和“塞内”的人民隔开，彼此不相往来，甚至仇视。但历史的发展却得出了相反的结果。那些长年守戍[②]长城的士兵都是来自中原的农民家庭。他们对于塞外的游牧民族没有那么多的仇恨；那些不时被奴隶主驱使来骚扰中原的牧民出身的匈奴士兵，对塞内的人民也没有太大的恶感。这样，长城内外人民相互“对峙”的结果，却又是走向了两方统治者的意图的反面。他们逐渐了解了彼此的共同境遇，建立了友谊。在这种友谊的交流中，中原的耕作技术和文化也逐渐传到“塞外”。我们今天常常提到的所谓“塞外江南”就是这种交流的成果。

现在我们登上长城，展现在我们眼前的已经不是古代诗人所谓的“羌笛何须怨杨柳，春风不度玉门关”的那种情况。春风早已吹到“塞外”了。瞧！长城外面现在是一幅多么和平、瑰丽而又雄浑的景象！当初为了使汉族与其他兄弟民族隔离而修筑这座万里长城的秦始皇帝，做梦也没有想到今天会出现这样一个局面。这是历史对他的嘲弄，但对我们伟大的祖国的各族人民来说则是崇高的颂赞。

【作者：叶君健】

② 守戍（shǒu shù）：戍守，防守保卫。

一、根据文章内容选择正确答案。（从 ABCD 中选择一个最佳答案）

1. 关于万里长城，以下哪个说法不正确？（　　）

A. 长城建筑在沙漠和丛岭之中

B. 长城有两千两百多年的历史

C. 长城的堡垒一个连着一个

D. 长城没有开始的地方和结尾的地方

2. 以下关于八达岭长城，哪个说法错误？（　　）

A. 墙身高大坚固

B. 城顶十分平整

C. 城墙是上宽下窄

D. 墙顶靠外有垛口

3. 以下关于秦始皇修筑长城的说法中，哪个是正确的？（　　）

A. 秦始皇用军队来修长城

B. 秦始皇修长城没有给社会带来灾难

C. 秦始皇修的长城质量不好

D. 修长城的过程中秦始皇对老百姓并不好

4. 根据文章内容，下面关于长城的说法哪个是错误的？（　　）

A. 中国人对长城充满感情

B. 长城建成后把“塞内”和“塞外”人民隔开了

C. 长城是广大劳动人民智慧的结晶

D. “塞外江南”是文化交流的成果

二、文章分析

1. 作者写长城“蜿蜒在沙漠上，盘旋在丛岭间”，“蜿蜒”和“盘旋”有什么差别？说说这样写所起到的效果。

2. 作者说修筑长城外壳的条石“是一件相比之下似乎微不足道的东西”，为什么又要把这个“微不足道”的东西写出来呢？这样写的用意是什么？

文╲章╲二

长城万里行

小时候，我做了两个梦。

一个梦是：想读很多很多的书，盼望将来自己能够当个作家。

一个梦是：想走很多很多的路，能够走遍祖国的山山水水。

我执着地追求着。

为了第一个梦，我常常足不出户，读了许多中外名著，可我终究没能跻进作家的行列。

但是对于第二个梦，我却能常常引以为自豪。孩提时代，我就走遍了我的家乡——河南省长葛县（现长葛市）。上中学时，我又利用假期完成了到北京、武汉的远征。后来我到铁路部门工作，几乎走遍了祖国的名山大川。

然而，我怎么也没想到我会沿着长城旅行，而且是用我的双脚！

——事出偶然。

我国著名的研究长城的专家罗哲文先生曾写过一篇介绍长城的文章。他写道：长城是中华民族的象征，是世界伟大奇迹之一。远在 20 世纪 30 年代他就立下宏愿要步越长城，可是由于战乱等原因，只走了部分地段。他感慨地说："今后是否有人能全部走完，尚有待于来者。"

1982 年，我在 4 月 14 日的《人民日报》上看到一则消息：有个名叫雅克・朗兹曼的法国作家，已经走遍了欧洲、中东等世界许多地方，但是没到过中国，他说"我的最大梦想是到中国去，从长城的这一端走到那一端”。

后来，我又得悉一个名叫罗勃特·史葛达的美国人，终生做着长城梦，直到他 70 多岁的时候，还连续给中国驻美国大使馆写了 200 多封信，要求走完长城。

这一条条消息，像一个个冲击波使我难以平静。我下决心要用我的脚步丈量长城，用笔和相机勾画出长城的历史与现状。

经过痛苦的奋斗、周密的准备，我终于在 1984 年 5 月 13 日，从嘉峪关城楼迈出了徒步万里长城的第一步。

两年来，我穿越了甘肃、宁夏、内蒙古、陕西、山西、河北、辽宁等七个省区，完成了徒步万里长城的旅行；在陕西榆林我还曾南下完成了穿越整个陕北的“圣地行”，在西安又西进，沿着古丝绸之路的路线，经过平凉、兰州、乌鞘岭、敦煌直到新疆神秘的罗布泊地区。

大自然是无情的。两年来，我只身闯大漠，走戈壁，攀高山，涉大河，经历了难以想象的艰难困苦。

在腾格里，我曾遇到大沙暴和寒流、冰雹的袭击。

在贺兰山考察岩画时，我被困在悬崖上，上不去，下不来，险些跌进万丈深渊。

在罗布泊，我身负 100 斤重的水和干粮、行装，半个多月未见人烟，还遇到大风暴雨，迷失了方向。

在山西平鲁下高头一带荒凉的山沟里，夜间我曾遭到了野狼的追踪。

在河北蓟县（现为天津市蓟州区）考察震旦亚纪地貌时，深夜看不清山路，我多次从山坡上滚了下去。

然而大自然也是慷慨的。万里长城、丝绸之路本身都是活生生的教科书，我一辈子都学不完、用不尽。到目前为止我已经记录了沿途涉及政治、历史、地理等各个领域的笔记三十多万字，收集了数百万字的文史资料，还拍摄了六百多张黑白、彩色照片。

其中最有价值的是我在贺兰山发现了一壁岩画，文物工作者认为这壁岩画属首次发现。

沿途我得到各地政府和群众的热情接待。一捧捧花生、一颗颗红杏、一个个胶卷、一枚枚印章、一句句嘱托、一条条留言，都凝结着支持、理解和深情。我深深感到我的心、我的脉搏在和祖国人民一起跳动。

我走过的地方大都是祖国的西北部，那里还很穷，很荒凉，还在沉睡，却充满了生机。我将尽快写出我沿途的观感，帮助人们认识大西北、热爱大西北、开拓大西北。

面对我的还是无尽的地平线。

我的梦也还在继续着。

【作者：刘雨田】

一、文章分析

这篇文章中作者说："沿途我得到各地政府和群众的热情接待。一捧捧花生、一颗颗红杏、一个个胶卷、一枚枚印章、一句句嘱托、一条条留言，都凝结着支持、理解和深情。"

1. 数量词"一捧捧""一颗颗""一个个"等中的数词"一"能不能换成其他的数词？

2. 把重叠的量词如"句句""条条"变成不重叠的量词"句""条"等，表达效果有什么不同？

二、回答问题

作者在文章中说："两年来，我只身闯大漠，走戈壁，攀高山，涉大河，经历了难以想象的艰难困苦。"分析一下作者两年来克服困难的动力是什么。

文／章／三

天坛幻想录

北京南郊有一座天坛。

知道天坛的人不少，在天安门城楼未曾名闻世界以前，它曾经是旧时代北京的标志。从前，在日历牌上、名胜挂图上、纸币上，到处都可以看到它的图形。一个圆形的大建筑物，富丽典雅，逐层向上收缩，给人一种庄严大方的印象。

整个天坛区域现在成为天坛公园。这里，古老的松树很多，树木蓊翳[1]，是一个幽静的去处。比起北京的其他公园来，这儿似乎游人少些。我每次到北京，总腾出时间去逛逛天坛。从公园大门到天坛，有很长的一段路；近年来有一驾马车在来往载客。坐在这种像幼儿园童稚上学专用的马车里面，听着马儿笃笃的蹄声，望着两旁那些阅尽兴亡、饱历劫难的苍松翠柏，别有一番滋味。

我到天坛公园的目的，与其说是看天坛，不如说是看“圜丘”。人们是熟悉天坛的，但是对于“圜丘”，没有到过北京的人就未必知道了。它和天坛遥遥对峙[2]，建筑奇特古怪，是一个露天的巨型的圆石台，完全是用汉白玉整齐紧密组成的。广义而论，说它是天坛的一个构成部分，也无不可。它有石级、石栏杆，中间是一个圆形的大平台。严肃些来说，真有点“天的象征”的模样；但是用开玩笑的眼光来看，也可以说是一个“溜冰”

① 蓊翳（wěng yì）：形容树木生长茂盛。
② 对峙（duì zhì）：对抗、抗衡，也指两山相对耸立。

的好地方。自然，从古至今，大概是没有人在上面滑过雪屐的。在封建君主时代，这是一个充满了神秘气氛的庄严神圣的所在：皇帝就在这里祭天。

天坛，原来是放置“天的神主牌”的，这圜丘才是真正的祭天之所。想着在绵长的数百年间，历代的皇帝们“全身披挂”，衮服[③]冕旒，带着庄严的神色，在礼乐声中，煞有介事地祭天的情景；周围臣子跪伏，苍穹白云飘飘，倒是很富有戏剧性的事。我想，月色如银之夜，来到这个圆形的异常洁白的石坛上赏月；或者，繁星闪烁的漆黑的冬夜，来到这里盘桓看星，一定饶有趣味。可惜，公园夜里不开放，我始终无从领略想象中的这一番美景。

我爱到这里盘桓，不仅是为了凭吊这个古代的祭天之处，欣赏这座洁白美观的石台，而且，也为了想猜破这堆石头中间的一个谜。

原来，这圜丘建筑上有一个特点。它的石栏杆也好，圆台上磨平了的石块也好，条数、块数都和“九”字有关。那些石料，不是九块，就是十八块；不是十八块，就是二十七块。以那个高高在上的圆形平台来说，它的圆心是由九块石头围成的；外面一圈，是十八块；再外面一圈，是二十七块；再外面一圈，是三十六块……依此类推，外面最辽阔的一圈，就是八十一块了。

这座古怪建筑的这一特点，公园里竖立的木牌是加以介绍了的。但是，为什么呢？为什么圜丘的各种石料的数目，一定要和“九”字发生关系呢？

因此，可以说：这堆石头中间藏着一个谜语。

这谜语，我想是和人类思想发展史有一点儿瓜葛的。

首先令人想到这个谜的初步谜底，是因为在中国古代人们的观念中，天是九重的。“九天”“九霄”“九重”“九垓”都是天的诨号[④]。这些词儿，密密麻麻地充塞于中

③ 衮服（gǔn fú）：古代皇帝及上公的礼服。
④ 诨号（hùn hào）：外号。

国的古籍中。在《离骚》里面，就有“指九天以为正兮”那样的词语了。

“九重天”的观念并非中国人所独有，古代西欧流行着同样的观念。这事情真是巧合得令人惊奇！但丁的《神曲》就保存着这样的传说。《神曲》里面，描述贞女俾德丽采的灵魂在“净界”和但丁相逢，引导但丁上升了“九重天”而到达天堂。那里面关于“九天”的讲法，竟和中国的在数字上不谋而合！

也许有人想，古代西欧关于九重天的观念，大概是由中国传播过去的。但是，我想，事情绝不是这样。14 世纪初，西欧人通过《马可·波罗行纪》才比较多地知道一些关于中国的事情。但丁的《神曲》也是在 14 世纪初写的，不会受马可·波罗什么影响。而且马可·波罗讲的都是地面上的事情，也不会去介绍“九重天”这一类的玄虚观念。更何况，但丁的《神曲》里面，“九重天”的每一层都有名字，例如什么“月球天”“水星天”“火星天”……以至最高一层的“水晶天”。“九天”的抽象观念东西方是相同的，具体内容却又是迥然有异了。

那么，为什么会有这种奇特的巧合呢？

我想，这和“九”字对于人类的巨大魅力，关系极大。

请翻一翻辞书吧！在“九”字项下，有多少百个词儿呀！你浏览着那些词儿，会吃惊于历代人们对这个“九”字的爱好和崇拜。凡是极端的事物，广大的事物，这个“九”字就大有用武之地，要被派来做形容词了。天有“九天”；地有“九州”；皇帝要镌[⑤]“九鼎”；佛教要设“九喻”；古代的乐歌诗篇要叫做《九辩》《九韶》《九歌》《九章》；神话传说中的三十六天师、七十二地煞，都是九的倍数；甚至连骂人的话，这个“九”字也大有用场，例如“九头鸟”“九尾狐”之类，不就是么！

这个“九”字的魔力，不仅在汉族中如此巨大，在少数民族中，它也是很有威权的。近年来有不少少数民族的创世纪、叙事诗之类被整理出来。我们从里面可以看到许多用“九”字作形容词的句子，如说一个人攀过许多山峰，涉过许多河流，在那些叙事诗中，就常常说成“翻过九十九座山”“涉过九十九条河”……例如长诗《阿诗玛》，就有许许多多这一类的词语。用“九”字来形容事物数量的极致，可以说是世界上无数地方人们共同的历史习惯了。

那么，这个“九”字的魅力，究竟又是从何而来的呢？

“九”只要再加上一，就变成十了。不论是十、百、千、万，都是以一字开头的。这个“一”字，真是可大可小（中国古代思想家惠施说的“至大无外，谓之大一；至

⑤ 镌（juān）：雕刻。

小无内，谓之小一”，可以说已经相当地表明了“一”这个数字的奇特作用）。为了避免进位之后，重新回到“一”这么一个可大可小的位置上去，世界各地的先民就不约而同地，以“九”字作为事物极致的形容词了。

“十进法”是流行于全世界的计算法，只有极少数地区的先民是例外的（听说库页岛上的虾夷人就是例外），“十进法”之所以风靡全球，据人们研究，和人类生有十个手指这事情关系重大。人们从结绳记事的时代起，总得靠十个手指算来算去。正是由此发轫，使全世界绝大多数的人们，以“九”字作为事物极致的形容词了。

因此，揭开那神秘的烟幕，“九重天”“九霄”之类的话，并不是真的说天有九层，而只是“多么大的天呵！”“巨大莫测的天呵！”等先民语言的遗留罢了。给这“九重天”分别冠上一个名字，只是稍后的人们的穿凿附会罢了。封建帝王在这一座石台的建筑上搞得十分神秘，不过是故弄玄虚，炫耀“天命”罢了。

十分神秘的事物原来出自异常平凡的事物，圜丘之谜，探索下去，原来是和人类生有十个手指、先民们结绳记事这些事情关联着的。想到这些，不禁令人憬然于天下本无神秘的事物，神秘只是欺骗或者愚昧无知的代名词而已。

认为天空茫不可知的那个时代已经过去了。如果说这座古老的天坛、这座故弄玄虚的圜丘还让我们想起古代人们对苍天的畏惧的眼神的话，那么，北京西郊的壮丽的天文馆，却使人想起人类不断探索天空秘密、开始成为宇宙生物的豪迈气概了。

从一些支配全人类的事物（从“九”字的威权到社会的发展），倒使人想起，有一种东西是真正伟大的，那就是历史发展的规律。

从圜丘盘桓回来，我又坐在马车里，让马儿笃笃地把我带出园门。一个人胡思乱想之后，安静下来，吸一口园林的新鲜空气，那空气，是多么的甜美呵！

【作者：秦牧】

一、根据文章内容判断正误。(正确的画“√”，错误的画“X”)

1. 天安门是旧时代北京的标志。(　　)

2. 作者到天坛公园的目的主要是看天坛。(　　)

3. 天坛是古代帝王祭天的地方。(　　)

4. 中外关于“九天”的内容是不同的。(　　)

5. 数字“九”在很多民族中形容事物的开始。(　　)

6. 神秘的事物往往来自平凡的事物。(　　)

二、文章分析

1. 作者说“这堆石头中间的一个谜”指的是什么?

2. 你们国家有没有富有特色和文化底蕴的建筑?请简要概括。

文╲章╲四

临河之城

黄土高原之上，黄河穿过全城的省城，大约只有兰州了。

兰州，古称金城，为固若金汤之意。

黄河自西向东穿过这个固若金汤之城，城市便随河蜿蜒成一条带子。河两岸，南北两山夹河而立，城中人在这条带状的河谷中生息。

作为一个土生土长的兰州人，我生活的前二十多年，竟对这条著名的大河熟视无睹。

小时候，河就离家不远。实际上，河离整个兰州人都不远（兰州城东西长 50 多公里，而南北宽仅 5 公里左右，每个兰州人都能花不多的时间步行至黄河岸边）。出工厂大院、过马路，就到了河岸。夏天，河水汹涌，院里十几个孩子，手拉手连成一排，试探着尽量走向河中，同时朝着对岸放开嗓门大喊：河北里的破山石！——紧靠北岸是一道农田，“破山石”指田里不多的农人。北山逼近黄河，隔岸也能看得清光秃秃嶙峋[①]的山石。不过，连绵的北山中有个山丘，山顶有一个明朝建的白塔，山间寺庙层叠，其间有点点绿色，于是成了兰州人的白塔山公园——对兰州人来说，有树有亭子，又在城边的山上，这样的地方自然就成了公园。冬天，黄河结冰，冰厚数尺，马车驴车悠然过河。我们在河面滑冰，用铁棍砸出小洞掏一两寸长的小鱼儿。父亲给我讲到更早以前的黄河，一开春，河冰融化，成堆

① 嶙峋（lín xún）：形容山石等突兀、重叠，也可以形容人消瘦露骨。

的马浮（冰块）被河水推搡，夜里，马浮碰撞的声音吵得人难以安稳入睡。

这都是黄河于我的记忆。现在，黄河似乎没有了那时的年轻气盛：混浊、大浪排空、激流翻滚。某些盛夏，黄河竟在兰州往东的中下游地带断流，但我还是对黄河真切地爱了起来。仿佛上了年岁，渐渐爱起了过去的时间。

很有些时候，这个被大山夹击的狭长城市，让我感到逼仄胸闷、忍无可忍。每过一段时间，我都要借机走出这个谷地，穿越周围的重重大山，拉伸自己的眼界。我周围，许多老人从没有走出过这个河谷腹地。常常，我从窗口呆望北山，想到我一辈子在兰州辛劳奔碌的父母，感到悲伤。

父亲一家生活在河北岸一个叫十里店的地方。我想那里曾是古老的驿站，距离城中十里之遥。赶往丝绸之路的旅人过了兰州城，驾车渡河，哒哒的马蹄在黄河北岸西行，在十里店稍作歇息，继续往西……

黄河边水车林立，水车日夜不息抽出河水灌溉农田，紧邻黄河的农业就这样近切地靠在城边。农人依偎黄河，自给自足。十里店后身就有成片的农田，不过，父亲跟着爷爷做棺材营生，棺木就来源于岸边的树木。而母亲一家在黄河以南离河约十里远的南山上，种植小麦豆菽，靠天吃饭。即使近切地临着黄河，因为没有提灌，北山也一样干涸。靠天吃饭的南山北山门当户对，两山上农家的儿女们互相联姻。与我父母一样，他们过河相会。

很长一段时间，河上只有白塔山脚下的那座铁桥。这个漂亮的铁桥由外国人修建于清朝光绪年间，被称为“天下黄河第一桥”。铁桥像一粒纽扣，连接了南北两岸。

传说国人申奥那年，一个兰州人想出资用上好的油漆把铁桥的五个弧形钢梁粉刷成五种不同的颜色，以表达对申奥的一番心意。另有一个关于它的传奇，说有人私自决定将这座老桥卖给了外国人。当时把大家吓懵了，但在新鲜事物层出不穷的 20 世纪 80 年代，许多义愤填膺的兰州人一时搞不清这等大事是真是假。

黄河铁桥是直到 20 世纪 60 年代兰州段渡河的唯一桥梁。1949 年兰州战役时，解放军从马步芳军队手中一举夺下铁桥，就断了马匪的后路。铁桥处最早是一个由几十只船只连起来的浮桥，在古代，控扼[②]河西走廊、青海、宁夏，又是丝绸之路的必经之地。加之南北两山作屏障。兰州的固若金汤实至名归，在兰州古城南门城楼上，曾高挂上书“万里金汤”四个煌煌大字的巨匾。

旧时，渡河的工具最主要的是羊皮筏子，十三只充气的羊皮排成一张普通筏子。巨型筏子甚至一直可载客漂流到包头。2006 年，一位离兰几十年的老作家回到兰州，我亲见他跪在河边，喝了一口黄河水。我陪他乘着已作为游赏工具的羊皮筏子漂在河上，筏子跟着波浪在河上划着一道道弧线，天像个蓝斗篷，风在耳边尖细地吹着。筏子头上，筏客子用土土的兰州话唱道：吉祥葫芦牛肉面，羊皮筏子赛军舰；坑上蹲个尕(gǎ)老汉，砂锅里煮着洋芋蛋……远方的游子潸然泪下。

我后来一再感知着黄河于兰州人的意义。当我游走于南方一眼望不到边的平畴沃野，会忽然怀念起兰州的跌宕起伏，想那逼仄的两山实为稳妥内心的佳处。高山静立、河水汤汤，亘古未变，里面其实有着大道理。

兰州人喜欢登临城南的皋兰山。至最高处三台阁俯瞰，可尽览兰州全貌。天晴时，可看到黄河像一条晶亮的带子，蜿蜒流过城中。兰州城像画片一样高楼林立，大街小巷蛛网般密集。热心的尕老汉会请你从高倍望远镜里望一番，街市间，兰州人摩肩接踵。没有被逼仄和荒凉压迫——河流用它的悠长和开阔慰藉着人心。

盛夏的傍晚，兰州人纷纷走到河边纳凉嬉戏。我也喜欢在河边静坐。若有好友从远方来，邀于岸边的趸（dǔn）船上，喝酒喝茶至深夜，说够了世间的话，然后听河的声音、看河流向远方、迎接河带来的满谷的风……

传说，先前，皋兰山生长一种兰草，兰州因此而得名。“每丛五六叶，叶窄于韭，长三四寸，开花如马兰而小，色蓝微紫。”一个临水之城，但少有植物。两山荒凉突兀，小小的兰草，为这坚硬的城池平添了一份柔软，仿佛一本厚重苍老的古书里夹的一枚兰花签。

【作者：习习】

一、文章分析

1. 作者写“远方的游子潸然泪下”的故事意在说明什么？

2. 作者对兰州的情感有过什么样的变化？你有过这种类似的情感吗？

② 控扼（kòng’è）：控制的意思。

第四单元

DI　SI　DAN　YUAN

文／章／一

胡同文化

北京城像一块大豆腐，四方四正。城里有大街，有胡同。大街、胡同都是正南正北，正东正西。北京人的方位意识极强。过去拉洋车的，逢转弯处都高叫一声“东去！”“西去！”以防碰着行人。老两口睡觉，老太太嫌老头子挤着她了，说“你往南边去一点”，这是外地少有的。街道如是斜的，就特别标明是斜街，如烟袋斜街、杨梅竹斜街。大街、胡同，把北京切成一个又一个方块。这种方正不但影响了北京人的生活，也影响了北京人的思想。

胡同原是蒙古语，据说原意是水井，未知确否。胡同的取名有各种来源。有的是计数的，如东单三条、东四十条。有的原是皇家储存物件的地方，如皮库胡同、惜薪司胡同（存放柴炭的地方）。有的是这条胡同里曾住过一个有名的人物，如无量大人胡同、石老娘（老娘是接生婆）胡同。大雅宝胡同原名大哑巴胡同，大概胡同里曾住过一个哑巴。王皮胡同是因为有一个姓王的皮匠。王广福胡同原名王寡妇胡同。有的是某种行业集中的地方，如手帕胡同大概是卖手帕的，羊肉胡同当初想必是卖羊肉的。有的胡同是像其形状的，如高义伯胡同原名狗尾巴胡同，小羊宜宾胡同原名羊尾巴胡同。大概是因为这两条胡同的样子有点像羊尾巴、狗尾巴。有些胡同则不知道何所取义，如大绿纱帽胡同。

胡同有的很宽阔，如东总布胡同、铁狮子胡同。这些胡同两边大都是“宅门”，到现在房屋都还挺整齐。有些胡同很小，如耳朵眼胡同。北京到底

有多少胡同？北京人说：有名的胡同三千六，没名的胡同数不清。通常提起“胡同”，多指的是小胡同。

胡同是贯通大街的网络。它距离闹市很近，打个酱油，约二斤鸡蛋什么的，很方便，但又似很远。这里没有车水马龙，总是安安静静的。偶尔有剃头挑子的“唤头”（像一个大镊子，用铁棒从当中擦过，便发出噌的一声）、磨剪子磨刀的“惊闺”（十几个铁片穿成一串，摇动作声）、算命的盲人（现在早没有了）吹的短笛的声音。这些声音不但不显得喧闹，倒显得胡同里更加安静了。

胡同和四合院是一体的。胡同两边是若干四合院连接起来的。胡同、四合院，是北京市民的居住方式，也是北京市民的文化形态。我们通常说北京的市民文化，就是指的胡同文化。胡同文化是北京文化的重要组成部分，即使不是最主要的部分。

胡同文化是一种封闭的文化。住在胡同里的居民大都安土重迁，不大愿意搬家。有在一个胡同里一住住几十年的，甚至有住了几辈子的。胡同里的房屋大都很旧了，“地根儿”房子就不太好，旧房檩，断砖墙。下雨天常是外面大下，屋里小下。一到下大雨，总可以听到房塌的声音，那是胡同里的房子。但是他们舍不得“挪窝儿”——“破家值万贯”。

四合院是一个盒子。北京人理想的住家是“独门独院”。北京人也很讲究“处街坊”，“远亲不如近邻”。“街坊里道”的，谁家有点事，婚丧嫁娶，都得“随”一点“份子”，道个喜或道个恼，不这样就不合“礼数”。但是平常日子，过往不多，除了有的街坊是棋友，“杀”一盘；有的是酒友，到“大酒缸”（过去山西人开的酒铺，都没有桌子，在酒缸上放一块规成圆形的厚板以代酒桌）喝两“个”（大酒缸二两一杯，叫做“一个”）；或是鸟友，不约而同，各晃着鸟笼，到天坛城根、玉渊潭去“会鸟”（会鸟是把鸟笼挂在一处，既可让鸟互相学叫，也互相比赛），此外，“各人自扫门前雪，休管他人瓦上霜”。

北京人易于满足，他们对生活的物质要求不高。有窝头，就知足了。大腌萝卜，就不错。小酱萝卜，那还有什么说的。臭豆腐滴几滴香油，可以招待姑奶奶。虾米皮熬白菜，嘿！我认识一个在国子监当过差，伺候过陆润庠、王埗等祭酒的老人，他说：“哪儿也比不了北京。北京的熬白菜也比别处好吃——五味神在北京。”五味神是什么神？我至今考查不出来。但是北京人的大白菜文化却是可以理解的。北京人每个人一辈子吃的大白菜摞起来大概有北海白塔那么高。

北京人爱瞧热闹，但是不爱管闲事。他们总是置身事外，冷眼旁观。北京是民主运动的策源地，“民国”以来，常有学生运动。北京人管学生运动叫做“闹学生”。学生示威游行，叫做“过学生”。与他们无关。

北京胡同文化的精义是“忍”。安分守己，逆来顺受。老舍《茶馆》里的王利发说“我当了一辈子的顺民”，这是大部分北京市民的心态。我的小说《八月骄阳》里写到“文化大革命”，有这样一段对话：

“还有个章法没有？我可是当了一辈子安善良民，从来奉公守法。这会儿，全乱了。我这眼面前就跟‘下黄土’似的，简直的。分不清东西南北了。”

“您多余操这份儿心。粮店还卖不卖棒子面？”

“卖！”

“还是的。有棒子面就行。……”

我们楼里有个小伙子，为一点事，打了开电梯的小姑娘一个嘴巴。我们都很生气，怎么可以打一个女孩子呢！我跟两个上了岁数的老北京（他们是“搬迁户”，原来是住在胡同里的）说，大家应该主持正义，让小伙子当众向小姑娘认错，这二位同声说：“叫他认错？门儿也没有！忍着吧！——‘穷忍着，富耐着，睡不着眯着’！”“睡不着眯着”这话实在太精彩了！睡不着，别烦躁，别起急，眯着。北京人，真有你的！

北京的胡同在衰败，没落。除了少数“宅门”还在那里挺着，大部分民居的房屋都已经很残破，有的地基柱甚至已经下沉，只有多半截还露在地面上。有些四合院门外还保存已失原形的拴马桩、上马石，记录着失去的荣华。有打不上水来的井眼、磨圆了棱角的石头棋盘，供人凭吊。西风残照，衰草离披，满目荒凉，毫无生气。

看看这些胡同的照片，不禁使人产生怀旧情绪，甚至有些伤感。但是这是无可奈何的事。在商品经济大潮的席卷之下，胡同和胡同文化总有一天会消失的。也许像西安的虾蟆陵，南京的乌衣巷，还会保留一两个名目，使人怅望低徊。

再见吧，胡同。

【作者：汪曾祺】

一、根据文章内容选择正确答案。（从 ABCD 中选择一个最佳答案）

1. 小羊宜宾胡同是因为什么取名的？（ ）

A. 小羊行业集中的地方

B. 曾住过一个有名的人物

C. 皇家储存物件的地方

D. 根据胡同的形状

2. 下列叙述不符合文意的一项是（ ）

A. 王利发的顺民形象体现了北京胡同文化的精义

B. 胡同距离闹市不远

C. 胡同文化是北京市民文化的重要组成部分

D. 胡同文化已随着胡同的消失而消失

二、文章分析

1. 文章中说：“胡同文化是北京文化的重要组成部分。”结合全文，分析作者这样总结的依据是什么。

2. 作者对北京胡同文化流露出什么样的思想感情，对逐渐消失的胡同文化持什么态度？

3. 作者在文中巧用量词，以语言之精美体现胡同文化。试着找出文章中的量词，并分析这些量词的精妙之处。

文／章／二

张家界的山

张家界的山意味着什么?

走进张家界的山，就是走进远古，走进原始，走进亿万年前。这是亘古及今的真正的大自然，是人力无法创造、无法改造、无法塑造的。只有地球本身才能创造它，只有时间才能改造它，只有风雨云雾才能塑造它。它傲视着人类，藐视人类的创造力。

走进张家界的山，行走在十里画廊中，抬头仰望高耸入云的石峰，不由得惊叹一声。攀爬在天子山的石道上，只见四周危崖悬叠，群峰环耸，峭壁参天。再多的游人走进它，也只如那石壁上随意跌落的一块块石子，静若太古，杳然忘世。专家说这里是世界上独一无二的石英砂岩地貌，特命名为“张家界地貌”。它是地壳运动形成的，那石峰的奇特造型乃是亿万年的风化所致。这是地球赠给人类的神奇瑰异的礼物！我仿佛看到了地球轻轻转身的美丽侧影。我突然发现自己和地球如此亲近，原来我正匍匐在地球的怀抱之中。在这之前，我只看见房屋和街市，不知地球在哪里。

对于张家界的山，我不想再去描述它像什么，那是说不完也讲不清的。张家界的山是不可思议的雕塑。什么金鞭出炉，天兵出征，仙女散花，雄狮回头，夫妻岩，三姐妹，千里相会，等等，再多的命名和比喻也只是挂一漏万。其实，在这 369 平方公里的土地上，巍巍矗立着 3103 座石峰，摩天辟地，千形万状，奇巧百出，若人若兽若万物，有韵有声有情节，你说它像什么就像什么。那一座座、一簇簇、一排排的石峰，或拔地而起，危峰独耸，或上分下合，三五成组，或乱峰列岫，连绵成阵，幻态随视角时时变换，愿怎么看就怎么看，想怎么比就怎么比。不仅可移步换景，而且不移步也可换景，触目皆奇，你的视线可以将其自由取舍和组合，进行构图。凡人间有的形象这里全备着，人间没有的，它这里也有。任意一个角度，任意一个片段，任意一个镜头，都是风景，都是图画，都是雕塑。木秀石奇，涉目成赏，目不暇接，天下独绝。

对于张家界的山，你不能只用眼睛看，而要用心灵去感悟，这样才能减轻视觉的压力，体验到大自然的魅力。它那铺天盖地的美，会让你目眩神摇。登上天子山，来到一个叫天台的观景台上，下临无地，千峰万壑，攒聚眼前，巉岩叠翠，争奇竞秀，张目望去，忽而心旷神怡，忽而心惊胆战，不敢多看一眼。只觉参差错落的石林连绵而成的轮廓线，仿佛一种起伏的韵律在苍穹之下回荡，那是来自洪荒响彻寰宇的天地之音。我不禁浮想联翩，想亿万年前，这里只是大片冥顽的岩石，海之神日夜用乳液涵养它，洗沐它，为了让它开窍，用尽心力，涤荡它。当海之神耗尽了最后一滴乳汁，便把它推出地面。然后雨之神一年四季用眼泪亲吻它，感化它，为它注入情感；风之神时刻用轻柔的长发抚摩它，撩拨它，模拟天地万物的形象，雕塑它。生命之神为它撒下种子。一天天，一年年，千百年，几万年，上亿年，自然之神在这里主持盛大的演奏会。那嵯峨林立的石峰，便是华夏民族远古时代的青铜编钟，那绝壁上破石而出的苍松，便是岁月之锤敲出的绿色音符。张家界的山，是凝固的音乐。

记得第一次游张家界，也是惊异于它的山峰肖似生活中的形象，以为它像这像那就很美。当我再看张家界的山时，我不再感兴趣于它像什么。我觉得它本不像什么，不是什么，它就是石头，就是纯石之山。同时，它不必像什么，也是美的，美得震撼人心！

那么，张家界的山，美在哪里？设若单单只有石峰陡起，形状特异，那也不过是荒凉枯寂的石漠而已，人们不会把它叫做“山”，也不会感觉到美。张家界的山向人类展示了生命的奇迹，它的美就蕴含在那蓬勃旺盛的生命力之中。且不说这里有多少种珍稀动植物，且不说谷底深沟的参天大树，单看那石顶上，石坎上，石缝中，裂石而出，牢牢扎根的小松树，还有那贴石而生，紧紧攀附的无名杂树、野草和青藤，让人不得不惊叹生命的伟大！你看那些绿森森的绝壁之松，大多只有胳膊粗细，高的不过一丈，矮的一米左右，像永远长不大的孩子。粗看一眼，以为它们弱不禁风，不能成材。但如果你定睛凝神地看，你就会发现那些树苍老遒劲，饱经风霜，绝不是新长的嫩树。那枝，那叶，那树干，无不显示出坚韧顽强的生命力。这绝岩怪石之上的树虽细矮，却棵棵都给人以昂然挺立直指蓝天的感觉。谁也不知道它们生长了多少年，还会继续在这断崖之上站立多少年。桂林的山也是纯石，也奇，也绿，却不长乔木；黄山也有绝壁松，但不是这么普遍。唯有张家界的山，遍山遍石，绿树披拂，草木葱茏，郁郁苍苍，流光滴翠，生机勃勃。在这没有一寸土壤的石头上，竟然覆盖着这么诗意盎然的植被！荀子说：“玉在山而草木润，渊生珠而崖不枯。”我想，张家界的山一定是含玉孕珠的，不，它本身就是湘西南一颗纤尘未染的碧玉。它汲取日月之精华，天地之灵气，雨露之琼浆，经过亿万年的修炼，从而育成了它怀抱中的一切生灵。张家界的山是绿色生命谱写的诗！

这诗，这画，这音乐，几千年来一直是这样存在着。曾经，除了被命运抛在这大山中的，在这里土生土养的居民外，只有鬼谷子、黄石公之类修道成仙的人，才青睐这片奇山异水。那么，是谁最先说它美？却是张家界之外的人士。在张家界被开发为旅游胜地之前，张家界的人不一定认为这就是美。他们一生下来就面对这样的山和石，以为天地本来就是这样子，无所谓美与不美。他们甚至视这巨山巨石为交通的障碍。那么，张家界是因为首先有一个人说它美，然后大家就认为它美，是这么简单吗？

人类发展到今天，已经把大自然破坏得差不多了，人迹所到之处都被“改造”成城市，一座座青山被夷为平地，摩天大楼鳞次栉比[1]，比张家界的石峰还高，还拥挤。只有张家界，是未被人类惊扰的处女地，是未加“改造”的，原始状态的大自然。所以，人们觉得它美。想来也是，人类原本诞生于大自然，无论怎样进化与发展，人类的一切美感与快乐，乃至健康生活，都离不了山水和草木，正如鱼离不开水一样。周作人曾说：“即使以鸟鸣春，这鸣也得在枝头或草原上才好，若是雕笼金锁，无论怎样的鸣得起劲，

① 鳞次栉比（lín cì zhì bǐ）：像鱼鳞和梳子齿那样有次序地排列着，多用来形容房屋或船只等排列得很密很整齐。

总使人听了索然兴尽也。”

走进张家界的山，顿感大快人心。我暗自庆幸：愚公移山的故事总不敢在这里上演吧！那一座座颇像汉字“矗”的石峰，望着望着就会听到轰然倒塌的声音，更不用说谁敢碰触它，哪怕扯动石缝中的一棵小草。那危如累卵摇摇欲坠的石峰，仿佛是仙人做游戏，刚刚用石块信手堆叠而成，尤其是每座石峰顶上那块石头，还没放稳，随时都可能被仙女的云袖不小心扫落下来。这样的山，让人望而生畏，不敢久视。这最后的大自然，刀劈斧斩般，石骨铮铮，石棱怒突，似乎在向人类示威。张家界的山是警示碑。在这里休谈“改造”与“建设”，你不敢；在这里休谈植树造林，它不屑。在山体中无法修路和架桥，人类的高科技只能在山体外做两件事：架索道和安电梯。除此之外，不敢触动它一根毫发。我由此而窃喜。

面对张家界的山，人们唯有敬畏，不敢再生妄念。人类该从中找到与大自然最恰当的相处方式。亿万年来，依然不是人类改造自然，乃是自然改造人类。

张家界的山，不仅是供观赏的，它，也是供思考的。

【作者：王春艳】

一、文章分析

1. 简单概括“张家界的山意味着什么？”

2. 作者分别从哪几个角度描写的“张家界的山”？

3. 如何理解文章的最后一段“张家界的山，不仅是供观赏的，它，也是供思考的”？

文╲章╲三

行走中国·在北纬30°神秘线上

皖南是指安徽的南部，是一个与皖北相对的地理概念。

近代意义上的安徽，建省于清康熙六年，公元1667年，省名取当时经济发达的安庆和徽州两府首字合成，以安庆为省会，因境内有皖山、皖水和古皖国，简称“皖”。作为一个皖北人，在40岁之前，我从未去过皖南。因此在我成为一个作家之后，我的文本中，曾多次郑重使用“皖北”的概念。我喜欢这一概念，因为淮河，因为淮河以北的大平原。

在安徽的境内有两条大河，一条是长江，一条是淮河；在这两大河流之间，有一片狭长的原野，俗称江淮地带，而它的之北和之南，就习惯上被人们称做皖北和皖南。这样，安徽就被天然地分成了皖南、皖北和江淮地带三大板块。在中国，还没有哪一个省份像安徽这样，文化上具有如此巨大的差异性；也没有哪一个省份像安徽这样，南部和北部的地理风光，有着如此显著的差别。

在这里，河流是一种有力的划分，如同古人所描述，橘在淮南为橘，橘越淮河为枳。枳俗称枸橘，小而酸。从省城合肥出发，一路向北，能感到风在一点点变硬，地势却在一点点平缓。丘陵如波涛般奔涌而去，一过了淮河，便是一马平川的大平原。

皖北的冬季十分辽阔，若是晴朗的冬日，能看见青青的冬麦子无边无际，村庄、草垛和落尽了叶子的老树，都在平原上一目了然。这是我的家乡，生我养我的地方，我对这片土地和生活在这片土地上的人们，充满了亲切和向往。在来省城工作前的差不多 38 年的时间里，我就生长、生活在这样的地方，我深爱它的一望无际和一马平川。

平原对于我来说，是一种植入生命深处的记忆。在冬闲的日子里，我曾无数次地深入平原腹地，走过一座又一座村庄，随便进入一户又一户人家，端起碗来，吃皖北乡村的家常饭，听他们用我从小就熟悉的乡音，称呼我“闺女”。太阳在一点一点升高，路边草垛上的晨霜，在一点一点消去。村头上，一些老人和孩子依着南墙晒太阳，墙是斑驳的土墙，散发出干燥的泥土气息。

我的爷爷、奶奶，祖爷爷、祖奶奶，曾祖爷爷、曾祖奶奶，在我看不见的地方，用疼爱的目光，长久地注视着这片土地。而我，他们的后代，就是在这样的注视中慢慢长大，并一直生活至今。

而皖南，皖南是什么样子呢？我想象不出，也不感到吸引。我终于与皖南相遇，是在 1997 年的 4 月，明媚的春光下，我站在徽州村落的水口，只一个感觉，就是震惊。

此后近 10 年的时间里，我又十数次地进入皖南，在黄山的无边云海之中，在徽州的烟雨廊桥之上，我一次次陷入美的震惊。

有时在某个瞬间，还会有今世前缘的恍惚。我想我与皖南的河流山川，村落风物，一定在前生有过相遇，“三生烟雨梦皖南”，对，就是那样的感觉。

山脚下古徽州，以其保存完整的徽文化形态，同样令世人惊叹。

虽然，因为历史上的徽商，徽州早在明清之际就已声名鹊起，但是她引起现代社会的关注，却是在上个世纪的 90 年代。1991 年，轰动中外的首届黄山国际旅游节在黄山举行，与会的专家学者参观了黄山脚下的古村落西递和宏村。几乎是第一眼，人们就惊呆了。在峰峦掩映的狭小盆地之间，坐落着一些人家，徽派建筑所独有的粉壁黛瓦马头墙，在青山和绿水之间，显出分外的醒目和幽雅。那是一种多么美丽的存在啊，对于久居烦嚣都市的人们来说，它们美得仿佛不再是一些真实的村子，而是一张张水墨洇染的山水画。

仿佛一夜之间，徽州作为一个文化概念和旅游概念，就传遍了大江南北，传遍了中国的每一个角落。

清代诗人黄仲则曾这样来描绘徽州的山水:“一滩复一滩，一滩高十丈; 三百六十滩，新安在天上。”徽州地势高峻，在浙江最高的天目山，到了徽州境内，就仅与平地一般高了。而且徽州的水也比一般的水险峻，在徽州，不仅是最大的河流新安江，就是西接鄱阳的名不见经传的阊江，也有八十四个险滩。“深潭与浅滩，万转出新安”，所以人在徽州，最能感受到山水萦绕的美好。

而前往徽州，也最好是“杏花春雨江南”的四月，其时新安江水春来如染，阳光下两岸的村舍、塔桥、农人和茶树，水洗一般的清彻；或是“橙红橘绿蟹肥”的九月，其时天高云淡，山花烂漫，峰峦起伏，川谷跌宕，如奔涌而至的波涛。万山环绕之中，新安江奔流而出，两岸坐落着无数古老而美丽的村庄。

新安江的走向，始终在北纬 30° 神秘线上，而地球的这一纬度附近，有很多诸如埃及金字塔、百慕大三角、死海、撒哈拉大沙漠、神农架野人等人类无法解释的奇异现象。许多神奇的自然景观，也大都分布在北纬 30° 线附近，如美国的密西西比河、埃及的尼罗河、中国的钱塘江大潮，地球上最高的珠穆朗玛峰、最深的西太平洋马里亚纳海沟等，北纬 30° 还是飞机经常失事的地带。而在安徽的南部，人们习称“皖南”的地方，黄山和徽州，也正在北纬 30° 神秘线上静静站立，神秘而美丽的容姿，惊世骇俗。

朋友，从喧嚣的都市走出来吧，出来看看黄山，看看徽州。

【作者：潘小平】

一、文章分析

1. 在文章中，皖南和皖北分别有哪些特征？

2. 文章题名“行走中国 · 在北纬 30° 神秘线上”，而全文却以通篇笔墨渲染皖南和皖北的对比美，试着分析这样取名的意义。

3. 作者提及北纬 30° 神秘线，这一纬度线有许多大自然馈赠的神奇景观，请详细描述其中一二。

文\章\四

天空之镜

我乘坐的这列火车叫天空之镜号，它倒不是我此行的目的地，而是把我送到一个叫天空之镜的地方，它是“青海四大景”之一，同时还被国家旅游地理杂志列入“人一生必去的 55 个地方”。这就激发了不少好奇和冲动，人们从四面八方奔涌而来，也带着答案踏上归程。我自然也是带着探寻的心而来。车走得不快不慢，车窗掠过的，是南北走向的两道山脉，说是昆仑、祁连的余脉，有着赭红、青灰的颜值，它们也像是列车的两道长长的护卫者，而地上是宽阔的戈壁草滩，内容是沙石和一坨坨、一簇簇的骆驼草，细看，草已经尖梢发白，立感秋意沁心。

当临近这个地方时，万分惊讶地见了几棵稀罕的绿树，都是些高原常见的生命力顽强的树种，主要是杨树。它们长在这地方，显得那么遒劲、有风骨，不由得叫人行注目礼！还看见了几座高楼，有宾馆酒家，有盐工俱乐部，哦，盐湖边上也不是传说中的寸草不生啊！这是一个很现代很时尚的生活圈啊！令人眼眶湿润。再往前走，盐湖终于露出冰山一角，远远望见了一座高高的盐山，雪峰一样，下边立着卷扬机，还有高高耸立的几座大型盐雕。哦，多么兴奋啊！我来到这洁净的盐的世界！

地上的路也变了，是白盐粒铺成，如一条长长的雪路，但它四季不化。屏住气息，慢慢走近这些堆成小山一样的盐雕，都是一些人物像和线条勾出的传说故事，有盐湖守护神福食之尊穆瑶洛桑玛的传说，有炎帝制盐的传说，有马头琴的传说，它们圣洁中透着肃穆与庄严，凝视着，你的心境也慢慢透明起来。这是历史的倾诉，千年汗水的结晶，承载着人类对平安的祈求和对美好的向往，也是很有特点的民族风俗文化。

这里生产的大青盐，是天然湖盐，晶莹透亮，味道纯正，氯化钠含量均在96%以上，是理想的绿色食品。用它热敷，还能凉血、去燥、泻热、明目。早在公元前206年至公元25年的西汉时期，当地羌人在这里采盐食用。《汉书·地理志》记载："金城郡临羌西北至塞外，有西王母室、仙海、盐池。"这里所说的盐池，就是今天这个茶卡盐池。而这大青盐也是过去皇宫的贡品，传说乾隆皇帝指定御膳房用大青盐，后来厨师用别的盐替代，谎称是大青盐，但乾隆皇帝感到口感不对，重罚了厨师。而大青盐也因此身价倍增。

镜子！不远处有人齐声呐喊，接着是一片笑声，打断我的遐想，如织的游人中，有一群游览者在盐雕边照相，快门按下的一刹那，喊的不是"茄子"，而是镜子！这使我更加相信这里的魅力。

这些盐雕不怕水吗？不融化吗？我带着疑问。

一名穿迷彩服的工作人员告诉我，这些都是结晶盐雕成，不怕水，前一时间，连着下了十几天大雨，都没事。他把手里的一小块结晶盐给我看，简直和水晶一样明亮剔透，掂一掂，比水晶要沉重一些。

盐粒铺成的雪路，踩在上边有股新鲜刺激感，盐雕后边，就是被称为天空之镜的茶卡盐湖，据说它的辽阔足有六个杭州市那么大。表面上看它和一般的湖水没什么两样，涣涣绿绿中带有点儿混浊，而这混浊也是干净的，是盐卤所致。一条修建的旅游小火车道，像浓重的黑色线条，将盐湖一分为二，东边是采盐区，西边是旅游区，都围着木栏棚。路，依然是盐粒路，虽有点儿硌脚，但不滑，走得很稳。但这天空之镜是怎么回事？让人一时悟不出，东张西望，走着走着，突然看见湖中映现出蓝天白云，覆雪的山峰，与天衔接，连成了天衣无缝的一幅美丽图画。啊，真是天空之镜！那美的感觉一下子席卷了你，接着又冲上脑门爆棚了！

秋日的天空，显得高阔而鲜蓝，湖四周的山峰静静伫立着，而更奇妙的是很多洁白云团，恰到好处地层层叠叠地依偎在山头上一动不动，像对着镜头含笑的少女，静静地等着美丽的定格。多么神奇啊！后来悟出，这盐湖位于风口，云立不住脚，都流到两边山脉上，而这恰好形成了一道神奇的景观，这天空、这山、这云、这盐湖水，都像是为这幅图画而组合、而生成的。再后又知道，神奇的是这天空之镜不仅是在白天成镜，到夜晚，满天繁星出得很全，又大又亮，像是要滴落下来，漆黑的盐湖里，也是一片繁星对映，光芒对射，黑缎子上缀满珍珠，如陈列珍宝的夜市，令人叹绝！

那么多的游人，据说最多时一天万人有余，又有那么多来照镜的女人，好像时装展销，带来刺目的大红大绿，把素雅清悠的盐湖点缀得缤纷起来。想起来时，在火车上，我就惊讶怎么会有那么多女人，吸睛的高颜值，像是模特组团去参加演出。她们来自全国各地，那时尚的衣着，把她们裹得美丽多姿，而那一个个大双肩包里，还不知藏着多少叫人眼花缭乱的霓裳。她们双眸闪亮，像是期待什么，有种急切赴约的心情，哦，是去展现、装扮自己。“照花前后镜，花面相交映”，“当窗理云鬓，对镜贴花黄”。多么美的意境！一面镜子，对一个女人的一生是多么重要。而这偌大的自然界的天空之镜，怎么不会让她们好奇，进而疯狂呢！

来到湖边，见那湖中卤水白中透黄，如醇酒的颜色，很是可爱，就把手伸了进去，嘿！卤水不冷不热，泡着很是爽意，阳光一晒，手上晶亮亮一层盐粉。望着湖水在微风中荡起层层涟漪[①]，湖中远处，有木筏子慢慢荡来，我一瞟见，立即看直了眼，这不是梦幻吧？木筏子上坐着两名穿迷彩服的工作人员，用竹篙杆划水，而上边站立着一位女孩，穿着白色的婚纱，湖风像是雕刻师，把她身上的纱衣吹得飘起飘落，像一大朵盛开的波丝菊，恰到好处地把她每处优美曲线都显现出来，她光着脚，泡在浸到木筏上的卤水里，开心地笑，灿烂动人，像是盐湖女神。我想起朱自清的《欧游杂记》里描写巴黎沙摩司雷司岛上的胜利女神，但我可没老先生那出神入化的文笔，把眼前这女孩写得那样活。盐湖里还可以这样吗？工作人员告诉我说其实不可以。但这个女孩想要体验一下，他们就破例了。

不会有危险吗？

一般不会。盐湖含盐量达百分之九十五，浮力很大，再是湖水也就半人深。我想起俄罗斯的埃尔顿盐湖，也是浮力惊人，人可以躺在湖上而不沉没。

这两个小伙子，一个是藏族，叫扎西；一个是蒙古族，叫巴图。晒得黑黑的脸上，

① 涟漪（lián yī）：细小的波纹。

一笑，露出白牙齿。他们的任务就是巡湖，打捞漂浮物，让这面镜子保持明亮。

他们讲起湖边有溶洞的地方容易塌陷，有危险，立有提示牌。但有些游客不管这些，光着脚嘻嘻哈哈跑到那里拍照，一次溶洞塌陷，她们陷进半人深的卤水里，他们去把她们救上来，而她们的照相机手机掉进卤水里不能用了，还问能不能索赔。

看见偌大的天穹和盐湖连成的这个图画般的镜面，真想躺下来慢慢体验，但想安静已不可能；如蚁的游人，一拨一拨地涌来，大呼小叫，都在欣赏着、表现着、释放着，牵绊而纷扰。

日上中天，盐湖热量陡升，火辣辣的穿透力，有蒸发身体中水分的感觉，我总感到有种危机感袭来，一下子理解了那默默守护在小铁路边、立在木栅栏边的穿迷彩服的人，他们的脸为什么那么黑黢，和荡着木筏在湖里打捞漂浮物的巴图、扎西们一样，在这面连天的镜子里映照出的形象当然不是美的，但谁又能说他们不美呢?

想起明镜高悬，想起照镜理容、照镜正心。越想越深，在这大大的天空之镜下，作为一个人，该怎样照，什么是美，让人想起许多许多。而人生，天地也有一面无形大镜，看你怎么照，形象如何。

【作者：冯文超】

一、文章分析

1. 通读全文，青海的茶卡盐湖为何被称做“天空之镜”？

2. 最后一段中，作者借“天空之镜”的美景给予我们什么样的启示?

3. 扎西和巴图打捞漂浮物，救起忽视提示牌进入危险区的游客，越来越多的景区设置类似职位的打捞员、救生员等。你有没有遇到过不文明的旅游行为？你如何看待这样的行为？试着写一段景区文明提示语。

第五单元

DI　WU　DAN　YUAN

文／章／一

诗词伴我行

小时候，诗词是爷爷留给我的一份温馨记忆，每每忆起时，总有一种无法言表的幸福油然而生。这份记忆如陈年的酒，在岁月里慢慢发酵，益发醇馥幽芳[①]。

依稀还记得坐在爷爷的膝上，一字一顿跟着爷爷朗诵“梅兰竹菊”四君子诗的情形，戴着老花镜的爷爷，俨然一个老学究的模样。颇具耐心的爷爷一个字一个字地带着我读，然后再一个词一个词地连起来。一开始还能专心致志地跟着爷爷的节奏朗诵，但时间一长，我便分心了。我伸手试图摘下爷爷的老花镜，爷爷佯装很生气的样子，一把推开我的小手。我索性挣脱爷爷的怀抱，一溜烟跑出屋外，远远地还听见爷爷满含无奈与笑意的话语：“唉！这丫头，只知道玩。”

每到春节，爷爷便会在堂屋挂上几幅新的字画。这些字画的内容大部分是诗词作品，或是画与诗词兼有的。上面提到的“梅兰竹菊”四君子诗便是堂屋的挂画内容之一，四幅梅兰竹菊的水墨画旁边，题写着相关的诗句。一有空闲，爷爷总会见缝插针让我朗诵这些诗词，或者自顾自地吟诵几句。爷爷还在院子的空地上种了梅和菊，每每梅花和菊花绽放之时，爷爷便会时不时吟上几首应景的诗词。如今还记得在梅花盛开的时节，爷爷全然不理会寒冷的天气，把茶座移到庭院中，邀来四五好友，在茶香缭绕

① 醇馥幽芳（chún fù yōu fāng）：形容气味醇香幽幽，芬芳馥郁。

的冬日午后，忆几段峥嵘往事，品几树氤氲[②]梅香，兴到浓时，爷爷还会要求我朗诵几首“梅诗”助兴。

那时候的我，很喜欢做的另一件事便是和爷爷一起散步，因为在散步时，我可以享受爷爷给我的“特殊待遇”，趴在爷爷背上，看夕阳一点一点地西坠，在百鸟归巢的啁啾声中，跟爷爷一起“复习”学过的诗词。恍若又回到那个场景，爷爷背着我，走在乡间的小路上，一个脆如银铃的女童声和低沉雄浑的男中音此起彼落，耳际还回荡着“君问归期未有期，巴山夜雨涨秋池。何当共剪西窗烛，却话巴山夜雨时”的朗朗之声。

现在想想，或许这是爷爷有意而为之，让我自记事起便感受了诗词的美韵，这应该是我接受的最初的诗词启蒙教育了。

长大了，诗词成了一杯香茗，散发淡淡的清幽，于我左右淡淡相随。

大学时，我就读的是理科专业，但诗词依然不离我左右。每有闲暇，我便一头扎进诗词里，从诗词的字里行间觅得另一种完全不同于专业知识的欣悦与感悟。求学时期的诗词，是在枯燥的学习生活中盛放的一朵花，因为它的点缀，生活也变得活色生香起来。

参加工作之后，诗词依然点缀着我的生活，为我的生活增色不少。

喜欢在某个午后，看阳光推开一扇窗，在书案前铺开一条光路，浮尘轻沾翻开的书卷，似精灵般，倏忽便不见了踪影，许是抵挡不了书中诗词的诱惑，一头扎进书里，安安静静地品赏诗词之美去了吧。又或是在书卷里发现诗词不可抵挡的魅力，赶忙去召唤它的同伴们一同前来品赏诗词之魅吧。光路，恰好定格在那一页“春未老，风细柳斜斜”的最是一年春好处，芳菲人间四月天，倏忽不见的浮尘们或许趁春花浪漫之际，与苏轼一起“试上超然台上看，半壕春水一城花。烟雨暗千家”的暮春美景吧。

天净沙·秋思

[元]马致远

枯藤老树昏鸦，
小桥流水人家，
古道西风瘦马。
夕阳西下，
断肠人在天涯。

② 氤氲（yīn yūn）：形容烟或云气浓郁。

看微风细雨处，柳枝斜斜随之起舞，护城河半满的春水微波闪烁，城内则是缤纷竞放的春花。更远处，隐隐约约可见一户户瓦房淹没在雨影之中。如此美景，怎不令人流连忘返？美景还需香茗伴，“且将新火试新茶，诗酒趁年华”。茶香袅袅处赏得如此暮春烟雨之美景，浮尘们也该醉了吧。

窗外，枝影婆娑，阳光正好。屋里，一首诗，一阕词，一杯茶，一屋阳光，有茶有书有诗词相伴的日子，灵魂永远不会寂寞。

总能在诗词的字里行间觅得四时美景，或春之“病树前头万木春”“春风又绿江南岸”的勃发与生机，欣赏一幅“梨花满地不开门”“晓看红湿处，花重锦官城”“春城无处不飞花，寒食东风御柳斜”的春花浪漫图；或夏之“荷叶罗裙一色裁，芙蓉向脸两边开”的采莲趣景，还能在“绿树阴里夏日长，楼台倒影入池塘”的夏日绿荫里觅得一丝凉幽；或赏秋之“空山新雨后，天气晚来秋”的清爽与恬适；或赏“忽如一夜春风来，千树万树梨花开”的冬雪压枝头之美景。更有那美得如画的“孤舟蓑笠翁，独钓寒江雪”的冬景图。

也能在诗词里品得百般情怀，万般滋味。或“问君能有几多愁？恰似一江春水向东流”的婉约与幽怨，更有“枯藤老树昏鸦，小桥流水人家，古道西风瘦马”的寂寥与萧瑟；或“欲把相思说与谁，浅情人不知”的缠绵悱恻之款款深情；或“物是人非事事休，欲语泪先流”“抽刀断水水更流，举杯消愁愁更愁”的悲苦抑郁之意；或“仰天大笑出门去，我辈岂是蓬蒿人”的豪迈与不羁。读诗品词，真是：诉不尽的人间情怀，品不完的千古风情。

有月的晚上，沏上一杯清茶，附庸风雅一番，来个《把茶问月》吧。茶香袅袅处，吟一句“今人不见古时月，今月曾经照古人。古人今人若流水，共看明月皆如此”。在如水的月色里，品古人如水的情怀。远离日间的喧嚣与杂乱，让心在如水的月色里，沉淀下来，滤去躁乱与浮华，在月下，只剩恬淡与清悠，还有一份诗人带给我们的旷达与自适。明天，携一怀从容与淡定，开始新的人生征程，从此，不负岁月不负年华。

似水流年，几多悲欢几多离合，习惯了在诗词的字里行间品读一份今古同在的虔诚与真挚；习惯了在满含墨香的时空里，煮茶伴诗词，与古人一起共醉文华。

【作者：晓荷】

一、根据文章内容选择正确答案。（从 ABCD 中选择一个最佳答案）

1. “花中四君子”分别是？（　）

A. 梅兰竹菊

B. 荷梅菊竹

C. 松梅兰竹

D. 松荷竹梅

2. 作者小时候除了诗歌喜欢做的另一件事是（　　）

A. 写文章

B. 和爷爷一起散步

C. 品茶

D. 赏月

3. 以下哪句诗描述的是夏天的景色？（　　）

A. 春城无处不飞花，寒食东风御柳斜

B. 忽如一夜春风来，千树万树梨花开

C. 荷叶罗裙一色裁，芙蓉向脸两边开

D. 空山新雨后，天气晚来秋

二、文章分析

1. 诗词对作者有很深的影响，你喜欢诗词吗？最喜欢哪一首诗呢？

2. 谈谈你对中国诗词的认识。

3. 文章中出现的诗词你都读过吗？试着查一查完整的诗吧。

文／章／二

断金切玉刀锋寒

古人说：“工欲善其事，必先利其器。”不论是古代刀手抑或是剑术大师都希望自己拥有一把断金切玉的宝刀或宝剑。古今篆刻家也不例外，同样希望有一把锋利的篆刻刀，以助力自己创作。削石如泥，这是多少篆刻家梦寐以求的事，可在现实中难以实现，除非是在神话或武侠小说中。

话虽这样说，但和玉硬度差不多的利器（7 ~ 8 度）还是有的。早几年前，我为某市一家知名大公司的一位著名机械工程师创作了一方名章（应嘱之作）。他为了表示感谢，赠予我 9 把没有焊接好刀把、未开刃的篆刻刀坯。从表面看，这些篆刻刀坯与普通刀坯没什么大区别，可当我用普通磨刀石磨的时候，才真正大开眼界：刀刃开不了，更没有一丁点儿磨损，而钝刃所过之处，石却留下了一条条“沟壑”，拿去打铁铺的砂轮磨也一样，真正是“踏石留印”了，我不禁既高兴又可惜。高兴的是，如果能开好这 9 把刀刃的话，在以后进行篆刻创作时，就如虎添翼，普通石就无坚不摧了；可惜的是，开不了就是 9 把废铁，哪能不可惜呢？此后，在闲暇之时，我在南流江找到各类石头来磨刀都没有成功，就此 9 把篆刻刀坯搁置了下来。每每在接到硬质的石料创作时，都不能按照自己的创作思路顺利运刀，未免感觉力不从心，只能望着未开刃的 9 把刀坯兴叹。

记不清什么时候了，有一次到一位著名书法家、篆刻家书友家玩，聊到印石时，他说从某报刊上的地址购了一批劣质硬石，他根本刻不动，问我要不要。我印石少，管它硬还是软，白送的东西哪有不要的？于是临行时，

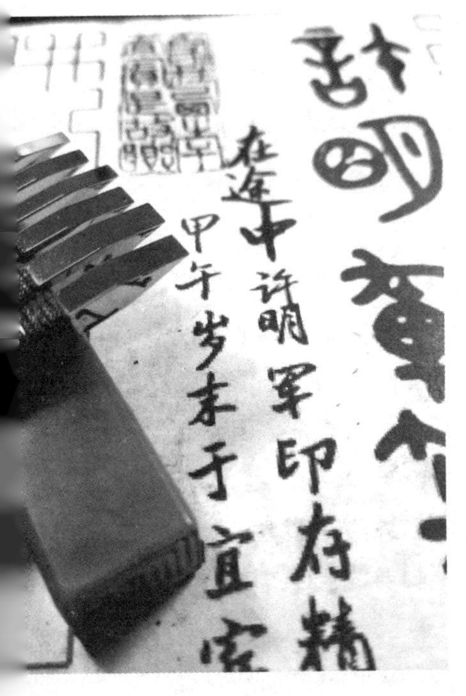

我得到了书友赠送的8方石。拿回来后，8方印石就摆放在办公桌上，每天看着它们又创作不了，心有不甘但又无可奈何。有一天闲来无事，我随便拿起一方石仔细看了看，觉得石虽然是硬了一些，但是石质还是不错的，便拿起笔筒里的篆刻刀往石上试了一刀，确实刻不了，再用力试了几次也是一样。也许是好奇心使然吧，心里猛然一想又拿起搁置了很久的9把刀坯中的一把，用坯角往石上一划，所过之处留下深深的沟痕，无不使我惊叹和兴奋，心想无论如何也要想办法开好这9把刀来用。

后来在网上查找这方面的资料得知，只有金刚石砂轮磨盘才能磨这些刀坯。于是，我想方设法找到一个经常出差的好朋友，请他帮忙购买了一个30元钱的金刚石砂轮回来。

有了金刚石砂轮，我以为磨刀开刃的事就会“迎石而解”，哪知并非如此。周末的早上，匆匆忙忙吃了早饭，拿了金刚石砂轮和几把刀坯奔上楼顶磨刀。也许是高兴得太早，或许是心浮气躁的原因，倒水上金刚石砂轮，刀与石一磨才知道不是那么容易的事情，磨了十几分钟也不见刀有磨损的迹象，才知道了磨这样硬度的刀考验的是人的恒心、耐力和坚韧不拔的精神。再度调整好心态，磨了几个小时的刀，才渐渐摸索体会到一点磨刀的窍门。用力重了没用，只能给金刚石砂轮划下深痕，用力轻了又起不到作用，刀与石像没磨一样，只有适合的力度，不断调整磨刀的角度和方向才不至于将石和刀磨坏。经过一天的磨砺，一把银光闪闪、锋利无比的篆刻刀发出寒光，呈现在我眼前。

磨砺了一天才得到一把刀，让我无比珍惜，拿在手中慢慢欣赏，久久无语。左右两手的拇指、食指、中指为了磨刀而火辣辣地痛，心中不禁感慨：“事非经过不知难。”我真正理解和体会到古人所说“铁杵磨成针”的艰难，“绳锯木断，滴水穿石”，持之以恒、永不放弃的精神精髓！

有了感悟、经验和一颗平淡之心，断断续续经过半年的努力，也磨好了6把篆刻刀。剩下两把也几度磨过，可能是急于求成的原因吧，欲速则不达，没有成功，以后再没有心情磨了，一搁置就是两年多。

忙完了一天的工作，每每在灯光下看印谱、字帖、古典诗词、文学作品或练字的时候，看着笔筒里最后两把磨过但未磨成功的篆刻刀，未免有一种无法言说的心情，想象着把它们磨成功后刀锋划过石面的“簌簌”之声，无不令人沉醉。

夏季已尽秋冬来临，匆匆一年又将过去，又一个周末到了。没有心情看书、创作，空落落的心无所事事，无所寄托，看着搁置了几年的两把篆刻刀，心血来潮：还是磨刀吧，磨掉自己慵懒、急躁、无聊的心情。想象着两把刀下创作出精美的篆刻作品，顿时又燃起了磨刀的热情。

磨刀不仅是一种技术活，还考验一个人的决心和耐心，其过程来不得半点粗心。必须用心磨刀，刀才容易磨得好磨得快，刀锋才完美和锋利，在创作篆刻作品过程中才能得心应手，运用自如。由于树立了必定的信心和成功的希望，磨刀的心情也变得轻快，刀与石的磨砺声似钢琴曲般在心中流淌，悦耳动听。双手手指虽痛，但是经过两天的努力，如自己希望的一样，两把锋利的篆刻刀终于大功告成！

书友送予的 8 方印石也在金刚石砂轮的磨砺下，经过重新精心打磨、抛光、上蜡，变得熠熠光彩，细润无比，也在这些刀下变成一方方或古朴或典雅或秀丽或遒劲精美的篆刻作品。

虽然说在书画专卖店、淘宝网、篆刻网等各种店里有现成的各种材质篆刻刀卖，但我始终认为它们不如自己亲手做的篆刻刀好用。因为自己做的篆刻刀倾注了大量心血，给刀注入了一种精神和灵魂，这种精神和灵魂没有因人而弃，人刀合一，形成了自己独特的刀魂！既可刻“白马秋风塞上”的侠骨柔情、“大漠孤烟直，长河落日圆”的大漠豪情、“风萧萧兮易水寒”的悲壮苍凉，也可创作“杏花春雨江南”的美丽诗意、“杨柳岸、晓风残月”的婉约缠绵……至此，我方才明白，从古到今每一个篆刻家都有其独特的刀魂，才能创造出一方方精美绝伦、意味深远的篆刻作品。在方寸之间，在红白的世界里，绵延中华文化五千年，形成独特的文化，傲立于世界民族之林。

刀魂，篆刻之魂，民族之魂，中华之魂，浩然独立，博大精深，巍巍然藏于华夏儿女的灵魂深处！

【作者：王东茂】

一、文章分析

1. 文章第一段提到的“工欲善其事，必先利其器”你知道是什么意思吗？

2. 作者在磨刀坯的过程中，情感发生了哪些变化？试着概括一下吧。

3. 说说你对“篆刻”的了解。

文╲章╲三

旗袍清韵

不止一次看到过，旗袍轻着的女子，在时光的碎影里，盈盈一水似的，穿尘而来。

这一幕应该是罩在一片舒缓而蓝调的音乐里，有木地板、留声机、旧藤椅的映衬，如水流动的锦丝绸缎裹着一个个清秀的旧时女子，踩着江南湿漉漉的雨巷，抖落一身的海棠花衣，多么美的意境！通常在那一瞬，我的视线会被定格，神情也会恍惚起来。

也许我无法预测在她们的生活和生命里，曾经有过怎样风水生起的故事，但我却清晰看到了，那些着旗袍的女子，眉目之间总流淌着一份难以言说的情愫[①]，尤其是一举手一投足，抑或温婉雅致，抑或羞怯惆怅。可不管她们以怎样的姿态行走在尘世里，当我的目光和她们的目光交织在一起的时候，我知道，我注定走不出那一抹属于旗袍独有的情致，从而不忍挪动我的双脚，或者移开我的视线。

依然忘不掉第一次看王家卫《花样年华》的情景。影片里，身材高挑的张曼玉在狭长幽深的巷子里，印下一叠风情万千的背影。那一件件迷醉人的旗袍妥帖地裹在她的身上，恣意绽放着屏幕内外美妙的丰韵。就在那一刻，面容清瘦且身材不修长的我竟然狂热地迷恋上了旗袍，那种迷恋，一度带着很深的小欢喜和几分怯怯的羞态，犹如一朵盛开在心窝深处的青

① 情愫（qíng sù）：代表在特定情境下的一种只可意会不可言传的心境。

莲，枝蔓缠绕着，攀爬在整个心房。所在的小城不大不小，繁华喧嚣的经二路上，商铺林立到也会让所有爱美的女子在每家品牌店的穿衣镜前各得其所，小城的女子也会风采照人，也会婀娜多姿。不过，旗袍并不是这座城市的主色调，平日里，街面上很少见到旗袍专卖店和穿旗袍的女子。尽管如此，我想拥有一件旗袍的欲望始终未减。欣喜的是，中山大街和红旗路拐角处，一个叫做“老上海”的旗袍店在小城落脚了，店面不大，装修得简单而雅致。透过宽大的、被绿萝花架缠绕的落地窗，可以瞧见一件件真丝旗袍套着一层塑料袋，被挂在货架上或叠放在方格子展柜里。货架和柜子是木质的，只涂了一层清漆，很清凉，甚至连木头的纹路和接茬都看得一清二楚。

衬着柔和微黄的荧光灯，我看见几个女人正在试穿旗袍，淡雅的颜色，流畅的线条，一下子就把中年女人的风韵给勾勒而出。我的心也在那一刻柔软起来，有种欲罢不能的诱惑让我一次次想着，那熨帖的质感和不沾尘埃的清韵，若裹着清瘦的我，会是什么样子呢？想到无法抑制时，不顾身材娇小的缺陷，相中了一件，粉色绸缎，顺着前襟斜着绣了一朵硕大丰满的荷叶，领口和袖口手工缝制的蕾丝花边，如蜻蜓点水般的精致。最上眼的是那一排蝴蝶盘扣，轻巧玲珑，很是心仪。问了一下店主，500 多块，也不贵，美滋滋地带回家，上镜，一遍遍赏着镜子面前虽然没有闭月羞花的容貌却有着玲珑身材的自己，兀自沉醉。后来，由于职业的缘故，这件让我心仪的旗袍，也只是偶尔在假期里从衣柜里拿出来，秀几下，等过完假期，又安安静静地归到属于它的角落里了。

很快，夏天过去了，街上穿旗袍的女人也少了，可骨子里，对于旗袍的钟情却始终在心底盘踞着，不曾淡去。一天，闲来无事，打开电视胡乱翻看着，忽而撞见 20 世纪 30 年代的旧中国，在一片又一片的风云叱咤和情仇爱恨之中，有多少旗袍女子，为了生活和梦想，为了拯救苦难的民众，穿梭在大上海的霓虹灯下，演绎了多少场从身体到灵魂的颠覆和重生？君可知，那一件件旗袍，或素净或张扬，或端庄或妩媚，到头来，却都是旧中国的女子们，从春到夏，从秋到冬裹不尽的心结！这样的故事见多了，也渐渐悟出一条规律来，新中国的导演们，似乎只需要一个清丽优雅的靓女子、一个才貌双全的美男子，外加一件件靓丽的旗袍，随之，一段风水生起的旧时光便弥散在一幕幕风尘往事的画卷里，被慢慢地铺就开来。不过，相比而言，我更喜欢看银屏上各色式样的旗袍，缝着细密的针脚，染着浓艳的色彩，最使人爱不释手的是图案和花色，从条纹到格子、花朵到梅枝，尽显精致和高贵。至于颜色，更是异彩纷呈，藏青，猩红，鲜绿，绛紫，纷繁到惊艳，仿若这段时光被倾了城，倾了色。银屏上的故事从春到秋一幕幕上演着，而女主人成熟丰满的身体也被一件件旗袍紧紧包裹着，演绎出与爱与情有关的故事。有时候，我在想，一定是这旗袍，让擦肩而过的俗世男女在偶遇的一瞬间，眉目之间传递出几分难以言说的情愫和诱惑，几番刻意相逢过后，自然是英俊潇洒的男子带着心爱的女子，约会在春花烂漫里，偎依在夏夜舞曲中，缠绵在冬雪夜归时……而屏幕下的我，很清晰地看见了，着旗袍的女子，幸福的脸庞衬出一圈楚楚动人的红晕来，甚至连呼吸和心跳也是炙热的。

记得曾经两次到上海，徘徊在张爱玲故居前，那是一座被青藤爬满的二层洋楼。我在回味，也在探寻，更在细细聆听，会不会从里面传来留声机里丝丝滑动的老调？那声音会不会也是低沉的，或者是清清淡淡、缠绵不休的？然而最终，我什么也没有听见。我只是怔在那里，我的耳朵、鼻子、身体还有思想，在整栋楼里弥散而出的清淡书香和斑驳流年里漫无目的地游走着。

透过散漫的思绪，我似乎触摸到了，那些略微叹息的调子里，罩着那个绝世孤立的才女，她的檀香木的柜子里，整齐排放着一件件青花瓷布衣的、藕色镂空花纱的、蜜色真丝的旗袍，如同一道与世相隔的屏障，让新旧岁月的烙印，不停地轮回和辗转。

如今，似乎很难看到带着旧时光烙印的、紫檀雕花的木箱子，也很难听到旧时光里，黑色的留声机里咿咿呀呀的声音。只是，这些声音的背后，流淌着那年那月的情怀和忧伤，它们就像一道很深的印记，被镂刻在岁月的额头上。若是你幸运，漫步在苏州城幽深的老巷子里，偶尔会撞上打着油纸伞、穿着旗袍的靓女子，笃笃行走在青石板上，清新得如同一朵盛开的白莲。那个时候，你一定会和我一样会不由自主地回头张望，直到那一袭背影消失在小巷的尽头。或者，某个冬日的午后，若有幸一个人去了江南，太阳暖烘烘地照着，一个人漫步在古旧的庭院里，步子散漫而轻盈。当我的脚步移到白墙青砖的高墙跟前，那些褪了色的旧大铁门忽而一下开了半扇，你随意抬眼，恰巧看到一位华发如丝的暮年老太，戴着老花镜坐在院子里，翻出箱底尘封太久的旗袍，小心翼翼地熨平衣角各处的褶褶皱皱，又小心翼翼晾晒在一处墙角的背风和阴凉处。那墙角，错落有致的竹竿搭成的藤架上，爬满了丝瓜花或豆角蔓，风儿轻轻吹着，旗袍散着霉气的光泽，苍苍凉凉的。这一刻，你一定和我一样，看到了老太太唇角泛起的叹息，抑或还有从她眼底满溢的那段流年，暗香涌动。

【作者：张静】

一、文章分析

1. 作者在第五段描述自己爱上旗袍时的情态非常巧妙，试着赏析一下吧。

2. 说一说你认为文章中写得好的句子。

3. 试着概括文章的主要内容。

文╲章╲四

都江堰

世界上有三大水利工程，一在古巴比伦，一在古罗马，一在中国都江堰。斗转星移，而今只有都江堰作为人类水利科学的一个杰出代表辉煌于世。

我站在都江堰索桥上，远眺滚滚的岷江被鱼嘴分开，外江水奔腾咆哮，浩荡南下，一泻千里。内江水不大驯服地从宝瓶口穿过，流向肥沃的成都平原。不由惊叹这一历史奇迹的壮观！

回望壁立千仞的玉垒山，晃晃悠悠的索桥将我摇往遥远的战国初期——手执简陋工具的数万役民，在蜀相开明的筹谋下，要在灌县城西南的玉垒山打开一个水道，将岷江澄碧的流水，送往成都平原。

这是一场愚公移山式的拼搏，没有炸药，没有风钻，没有钢钎，更没有神灵相助。役民们所能依靠的，就是自己布满老茧的双手。他们从山沟里砍下木柴，把木柴堆在石壁下点燃，烧啊，烧啊，看石壁被木柴烧得火烫，再将融雪汇成的冰冷刺骨的江水舀到桶中，将一桶桶江水泼向火烫的石壁。石壁突然遇冷，在嘎嘎作响的怪叫中，或者“轰”地坍塌，或者裂开石缝，都会赢来一阵排山倒海的欢呼声……坍塌的石块被粗壮的木杠抬走，被黝黑的脊梁背走，裂缝的石块在激昂的“嘿哟”声中被慢慢撬下。一寸一寸，一尺一尺，一丈一丈，就这样艰难开凿着……

数万人连续苦干了八年，才打通这条被世人称作宝瓶口的黄金水道！

对如此艰巨浩大的工程，作为给帝王将相立传的《蜀王本纪》，也只简略地记载了几段话，蜀相开明决玉垒山，分引岷江水以排除水患，郫县（今成都郫都区）、成都一带，“民得陆处”。

公元前 251 年，秦昭王时，李冰被任命为蜀郡太守。这项极其平凡的任命，却使都江堰水利建设翻开了极其不平凡的一页。

李冰手执长锸，面对滔滔江水，一个深谋远虑而又大胆周密的计划在他脑际产生；在江中修一座坝堰，锁住岷江这条蛟龙，听从调遣，为黎民百姓造福，不能再任其肆虐、祸害苍生了。

当时，他的这种胆略和气魄，丝毫不亚于当今筑三峡大坝的宏伟决策！

李冰父子历尽艰辛，访寻当地水利行家，绘制水系图谱。李冰父子在数年的实践中探索出治水三字经“深掏滩，低作堰”和八字真言“遇弯截角，逢正抽心”，至今仍闪烁着科学的光芒。

李冰父子访察水脉，因地制宜，因势利导，亲率成千上万役民，经过无数个日日夜夜的劳作，修建起气势雄浑的都江堰。

起初，根据一个蒙古族能人的建议，于鱼嘴处置铁牛分水。江水冲力之大，出人意料，不足一年，厚重的铁牛竟被冲出斑斑洞眼。李冰让人砍伐附近的野竹，劈条结成竹笼，内装鹅卵石，一层一层垒起，填塞鱼嘴，终于将狂荡不羁的江水一分为二。

在内江水入宝瓶口不远处，李冰父子又率役民修筑了排泥沙、溢洪涝的滚水坝，防淤泄洪，巧妙奇绝。在中国水利建设上，是一大空前的创举。

李冰父子向宝瓶口下辟走马河、蒲阳河、柏条河等河道，形成水网，穿入成都平原，既可灌溉，又可航运，一石二鸟。

都江堰从公元前 274 年（秦昭襄王三十三年）动工，经过 18 年艰苦卓绝的努力，于公元前 256 年（秦昭襄王五十一年）竣工，使灌溉面积达到 300 余万亩，成都平原“沃野千里，号为陆海”。新中国成立以来，人民政府体察民意，大力整治修建都江堰水系，灌溉面积扩大到 800 多万亩。

都江堰利在当时，功泽千秋，惠及子孙，为“天府之国”立下了汗马功劳！

李冰的过人之处在于他深知事业还须后人承续，他让自己的儿子雕凿三个高大的石人，置于江中，测量水位。李冰逝世 400 年后，汉代水官重造高达丈余的“三神石人”测量水位，其中一尊即为李冰雕像。可见这位水官深谙祖师的精魂，和李冰何等心心相印！

在索桥东端不远的玉垒山腰，建有一座二王庙，祭祀李冰父子，晨钟暮鼓，钹磬悠悠，世世代代，香火不绝。

我肃穆地站在二王庙内，端详着李冰父子的彩色塑像，也端详着那个为都江堰出

过一臂之力的蒙古能人的塑像，凝神沉思：一个在中国水利建设上卓有建树的太守，怎么成了人们顶礼膜拜的神灵？

看来，天国、神仙离我们并不遥远。一个有功于人民的人，就是人们心目中的神灵。人生苦短，可是，只要你为人民做出有益的贡献，人民就永远不会忘记，历史就永远不会忘记！

离都江堰不远有座青城山，道教圣地。山顶上清宫两边有民国奇才于右任 1943 年题写的一副对联："自古名山待圣人，于今百学承文化。"其实，圣人就在眼前。谁能说李冰父子不是治水圣人呢？

2000 年 11 月底，都江堰和青城山一起被第 24 届世界遗产委员会列为中国新申报的四个项目之一。

【作者：吴树民】

一、文章分析

1. 在工具匮乏的古代，役民们在开凿都江堰时有很多巧妙做法，你能从文中找出来吗？

2. 文中出现的俗语“一石二鸟”还可以换成什么词语？

3. 文章第四段“一寸一寸，一尺一尺，一丈一丈，就这样艰难开凿着……”这句话中的量词有什么作用？

第六单元

文章一　嘉峪关的河西民歌

文章二　莫高窟（节选）

文章三　大迁徙（节选）

文章四　罐罐茶

DI LIU DAN YUAN

文／章／一

嘉峪关的河西民歌

嘉峪关亦属河西，号称天下第一雄关，它是万里长城的西端终点。当你出长安，过天水，经兰州，沿祁连山和腾格里大沙漠中间的狭长通道，你会走入一个叫“河西走廊”的地方。中国的历史上，这儿多为“胡人”所居，周时西戎，汉时匈奴，唐时吐蕃，西夏时六谷部。大漠和大山间，一条道路游蛇般西窜，扭向一个叫嘉峪关的地方。此关雄奇，关内生豪气，出关现悲情，跨出关门，瞭眼便见满眼戈壁，苍凉之气，扑面而来。由此而西，虽有几个叫“阳关”“玉门关”的著名所在，但观其形貌，亦多为苍凉大海中之几片枯叶。它们的存在，仅能充抚慰之念想，而难疗灵魂之焦灼。所以，我很小的时候，父辈们就说：“一出嘉峪关，两眼泪汪汪。”

嘉峪关楼峭立于山麓[1]，巍峨宏伟，气势磅礴，古称“边陲锁阴”，是万里长城防线上的军事要塞，也是“丝绸之路”的必经关隘。一出嘉峪关，就是我们常说的“关外”了。

嘉峪关是河西公认的好地方。但这“好”，也是相对于戈壁沙漠而言，跟东南诸地实在是不能比的。这儿山多焦秃，荒无寸草，风沙时现，遮天蔽日，干旱缺水，辄有纠纷。不知上溯至多少辈祖宗起，这儿便因抢水而血流盈地。翻开志书等，便见历朝历代关于处理水纠纷的史料。至于传说，其数目之多，不在《天方夜谭》之下。有好些地方，多“以石为证”，欲

① 山麓（shān lù）：山脚。

将无常之石刻，处理永久之纠纷。但那纠纷之血，并不因“石”的存在而绝迹。

我对嘉峪关的印象，最早源自河西民歌。一首叫《王哥放羊》的歌中唱道：

往前瞭来是戈壁滩，
往后看来是嘉峪关，
两边看是两架山，
抬起头来是一绺绺天。

当你站在嘉峪关关城上，遥望茫茫黄沙，从拂面的漠风中听到飘来的民歌时，你的心定然会被震撼的。因为，无论其曲调，还是内容，流行于当地的歌中都有种撕心裂肺般的痛楚。如写现实的苦难：“嘉峪关口子里雷吼了，黄沙滩落了个雨了；杀人的钢刀是眼前的路，把尕妹妹活活地宰了。”如写分离的苦难：“白纸上写一颗黑字来，黄表上拓着个印来，有钱了带一个笑脸来，没钱了挂一匹布来，有心了看一回尕妹来，没心了辞一回路来，活着了捎一封书信来，死了则托一个梦来……”那民歌中，充满了这类描写。

在当年的河西，有一大批遭受世俗欺压的年轻女子。她们唯一的理想就是“多年媳妇熬成婆”，去欺压比她们更年轻的弱小女子。于是，那些弱小的女子只能凭借“花儿”倾诉其心声。一首“花儿”唱道：“花儿本是心中的话，不唱时由不得自家。钢刀拿来把头割下，不死就这么个唱法。”一曲曲回肠荡气的民歌，是一次次刻骨铭心的生命体验，是发自生命深处的感悟，是心灵的诉说。它是带泪的倾诉，含笑的哭泣，顿悟时的超然，惨痛后的微笑。它的感染力十分强，仿佛有一只神奇的手，从歌手的心里抓出那份生命的感觉，全部地放到了听众的心中，能引起他灵魂的共振。

我曾在《白虎关》(上海文艺出版社)中塑造过一位河西女歌手莹儿。唱那些爱情“花儿”时，莹儿便成了世上最坚强的人。那份执着，那份坚强，那份为了爱情宁死不屈的坚忍，仿佛来自天国。比如有这样一首民歌：“浑身打下的青疙瘩，不死老这么做哩。手拿铡刀取我的头，血身子陪你睡哩。”这是一种什么精神？仿佛爱情已成为信仰，成为宗教，成为人生唯一的慰藉。这就是“花儿”，是西部人独有的民歌，是灵魂的诗，是贫瘠的人生中繁衍绿色抵御风沙的骆驼草，里面渗透了西部人独有的灵魂追求。

河西民间歌手和职业演员最本质的区别是，演员学唱歌是为了“用”，而河西民间歌手唱歌是因为爱。爱是他们活的理由，也是他们活的意义。

那些民间歌手的唱歌不为名，不为利，只为了心中的那点儿曾叫他温馨过的东西。他宁愿放歌在“关”外的旷野里，独自享受，自我陶醉。听他歌的，或许是静默的大漠，或许是蠕动的羊群。他才不去管别人是不是在听。他唱歌时，绝不会想到出场费之类的。他的唱歌，出自灵魂，流向自然，这仅仅是生命的需要。他甚至不需要有欣赏他的人，哪怕天地之间，只有他一个人，他也会放开歌喉，唱出他生命里最美的歌。唱歌本身，就是一种生命的需要。

【作者：雪漠】

一、根据文章内容选择正确答案。（从 ABCD 中选择一个最佳答案）

1. 关于“嘉峪关”，以下哪个说法不正确？（　　）

A. 天下第一雄关

B. 万里长城的西端终点

C. 也叫“阳关”

D. 多为“胡人”所居

2. 关于“河西民歌”，以下哪个说法正确？（　　）

A. 最早的河西民歌是《王哥放羊》

B. 是甘肃独有的民歌

C. 民间歌手的唱歌只为名利

D. 感染力十分强

二、文章分析

1.“嘉峪关是河西公认的好地方”，这个“好”好在哪里？

2. 如何理解“唱歌本身，就是一种生命的需要”？

3. 作者写嘉峪关，引用河西民歌中的《王哥放羊》，你还知道中国哪些民歌？

文╲章╲二

莫高窟（节选）

比之于埃及的金字塔，印度的山奇大塔，古罗马的斗兽场遗迹，中国的许多文物遗迹常常带有历史的层累性。别国的遗迹一般修建于一时，兴盛于一时，以后就以纯粹遗迹的方式保存着，让人瞻仰。中国的长城就不是如此，总是代代修建、代代拓伸。长城，作为一种空间的蜿蜒，竟与时间的蜿蜒紧紧对应。中国历史太长、战乱太多、苦难太深，没有哪一种纯粹的遗迹能够长久保存，除非躲在地下，躲在坟里，躲在不为常人注意的秘处。阿房宫烧了，滕王阁坍了，黄鹤楼则是新近重修。成都的都江堰之所以能长久保留，是因为它始终发挥着水利功能。因此，大凡至今盛名的历史胜迹，总是生生不息、吐纳百代的独特禀赋。

莫高窟可以傲视异邦古迹的地方，就在于它是一千多年的层层累聚。看莫高窟，不是看死了一千年的标本，而是看活了一千年的生命。一千年而始终活着，血脉畅通、呼吸匀停，这是一种何等壮阔的生命！一代又一代艺术家前呼后拥向我们走来，每个艺术家又牵连着喧闹的背景，在这里举行着横跨千年的游行。纷杂的衣饰使我们眼花缭乱，呼呼的旌旗使我们满耳轰鸣。在别的地方，你可以蹲下身来细细玩索一块碎石、一条土埂，在这儿完全不行，你也被裹卷着，身不由己，踉踉跄跄，直到被历史的洪流消融。在这儿，一个人的感官很不够用，那干脆就丢弃自己，让无数双艺术巨手把你碎成轻尘。

因此，我不能不在这暮色压顶的时刻，在山脚前徘徊。一点点地找回自己，定一定被震撼了的惊魂。晚风起了，夹着细沙，吹得脸颊发疼。沙漠的月亮，也特别清冷。山脚前有一泓泉流，汩汩有声。抬头看看，侧耳听听，总算，我的思路稍见头绪。

白天看了些什么，还是记不大清。只记得开头看到的是青褐浑厚的色流，那应该是北魏的遗存。色泽浓厚沉着得如同立体，笔触奔放豪迈得如同剑戟[①]。那个年代故事频繁，驰骋沙场的又多北方骠壮之士，强悍与苦难汇合，流泻到了石窟的洞壁。当工匠们正在这些洞窟描绘的时候，南方的陶渊明，在破残的家园里喝着闷酒。陶渊明喝的不知是什么酒，这里流荡着的无疑是烈酒，没有什么芬芳的香味，只是一派力，一股劲，能让人疯了一般，拔剑而起。这里有点冷，有点野，甚至有点残忍。

色流开始畅快柔美了，那一定是到了隋文帝统一中国之后。衣服和图案都变得华丽，有了香气，有了暖意，有了笑声。这是自然的，隋炀帝正乐呵呵地坐在御船中南下，新竣的运河碧波荡漾，通向扬州名贵的奇花。隋炀帝太凶狠，工匠们不会去追随他的笑声，但他们已经变得大气、精细，处处预示着，他们手下将会奔泻出一些更惊人的东西；色流猛地一下涡漩卷涌，当然是到了唐代。人世间能有的色彩都喷射出来，但又喷得一点儿也不野，舒舒展展地纳入细密、流利的线条，幻化为壮丽无比的交响乐章。这里不再仅仅是初春的气温，而已是春风浩荡，万物苏醒，人们的每一缕筋肉都想跳腾。这里连禽鸟都在歌舞，连繁花都裹卷成图案，为这个天地欢呼。这里的雕塑都有脉搏和呼吸，挂着千年不枯的吟笑和娇嗔。这里的每一个场面，都非双眼能够看尽，而每一个角落，都够你留连长久。这里没有重复，真正的欢乐从不重复。这里不存在刻板，刻板容不下真正的人性。这里什么也没有，只有人的生命在蒸腾。一到别的洞窟还能思忖[②]片刻，而这里，一进入就让你燥热，让你失态，让你只想双足腾空。不管它画的是什么内容，一看就让你在心底惊呼，这才是人，这才是生命。人世间最有吸引力的，莫过于一群活得很自在的人发出的生命信号。这种信号是磁，是蜜，是涡卷方圆的魔井。没有一个人能够摆脱这种涡卷，没有一个人能够面对着它们而保持平静。唐代就该这样，这样才算唐代。我们的民族，总算拥有这么一个朝代，总算有过这么一个时刻，驾驭如此瑰丽的色流，而竟能指挥若定。

色流更趋精细，这应是五代。唐代的雄风余威未息，只是由炽热走向温煦，由狂放渐趋沉着。头顶的蓝天好像小了一点，野外的清风也不再鼓荡胸襟；终于有点灰暗了，舞蹈者仰首看到变化了的天色，舞姿也开始变得拘谨。仍然不乏雅丽，仍然时见妙笔，

① 剑戟（jiàn jǐ）：古代刀剑，钩戟之类的武器。
② 思忖（sī cǔn）：思考，揣度。

但欢快的整体气氛，已难于找寻。洞窟外面，辛弃疾、陆游仍在握剑长歌，美妙的音色已显得孤单，苏东坡则以绝世天才，与陶渊明呼应。大宋的国土，被下坡的颓势，被理学的层云，被重重的僵持，遮得有点阴沉。

色流中很难再找到红色了，那该是到了元代；这些朦胧的印象，稍一梳理，已颇觉劳累，像是赶了一次长途的旅人。据说，把莫高窟的壁画连起来，整整长达 60 华里。我只不信，60 华里的路途对我轻而易举，哪有这般劳累?

夜已深了，莫高窟已经完全沉睡。就像端详一个壮汉的睡姿一般，看它睡着了，也没有什么奇特，低低的，静静的，荒秃秃的，与别处的小山一样。

第二天一早，我又一次投入人流，去探寻莫高窟的底蕴，尽管毫无自信，游客各种各样。有的排着队，在静听讲解员讲述佛教故事；有的捧着画具，在洞窟里临摹；有的不时拿出笔记写上几句，与身旁的伙伴轻声讨论着学术课题。他们就像焦距不一的镜头，对着同一个拍摄对象，选择自己所需要的清楚和模糊。

莫高窟确实有着层次丰富的景深，让不同的游客摄取。听故事，学艺术，探历史，寻文化，都未尝不可。一切伟大的艺术，都不会只是呈现自己单方面的生命。它们为观看者存在，它们期待着仰望的人群。一堵壁画，加上壁画前的唏嘘和叹息，才是这堵壁画的立体生命。游客们在观看壁画，也在观看自己。于是，我眼前出现了两个长廊：艺术的长廊和观看者的心灵长廊；也出现了两个景深：历史的景深和民族心理的景深。

如果仅仅为了听佛教故事，那么它多姿的神貌和色泽就显得有点浪费。如果仅仅为了学绘画技法，那么它就吸引不了那么多普通的游客。如果仅仅为了历史和文化，那么它至多只能成为厚厚著述中的插图。它似乎还要深得多，复杂得多，也神奇得多。

它是一种聚会，一种感召。它把人性神化，付诸造型，又用造型引发人性，于是，它成了民族心底一种彩色的梦幻，一种圣洁的沉淀，一种永久的向往。

它是一种狂欢，一种释放。在它的怀抱里神人交融、时空飞腾，于是，它让人走进神话，走进寓言，走进宇宙意识的霓虹。在这里，狂欢是天然秩序，释放是天赋人格，艺术的天国是自由的殿堂。

它是一种仪式，一种超越宗教的宗教。佛教理义已被美的火焰蒸馏，剩下了仪式应有的玄秘、洁净和高超。只要是知闻它的人，都会以一生来投奔这种仪式，接受它的洗礼和熏陶。

这个仪式如此宏大，如此广袤。甚至，没有沙漠，也没有莫高窟，没有敦煌。仪式从沙漠的起点已经开始，在沙窝中一串串深深的脚印间，在一个个夜风中的帐篷里，在一具具洁白的遗骨中，在长毛飘飘的骆驼背上。流过太多眼泪的眼睛，已被风沙磨钝，但是不要紧，迎面走来从那里回来的朝拜者，双眼是如此晶亮。我相信，一切为宗教而来的人，一定能带走超越宗教的感受，在一生的潜意识中蕴藏。蕴藏又变作遗传，下一代的苦旅者又浩浩荡荡。为什么甘肃艺术家只是在这里撷取了一个舞姿，就能引起全国性的狂热？为什么张大千举着油灯从这里带走一些线条，就能风靡世界画坛？只是仪式，只是人性，只是深层的蕴藏。过多地捉摸他们的技法没有多大用处，他们的成功只在于全身心地朝拜过敦煌。蔡元培在 20 世纪初提出过以美育代宗教，我在这里分明看见，最高的美育也有宗教的风貌。或许，人类的将来，就是要在这颗星球上建立一种有关美的宗教？

离开敦煌后，我又到别处旅行。

我到过另一个佛教艺术胜地，那里山清水秀，交通便利。思维机敏的讲解员把佛教故事与今天的社会新闻、行为规范联系起来，讲了一门古怪的道德课程。听讲者会心微笑，时露愧色。我还到过一个山水胜处，奇峰竞秀，美不胜收。一个导游指着几座略似人体的山峰，讲着一个个贞节故事，如画的山水立时成了一座座道德造型。听讲者满怀兴趣，扑于船头，细细指认。

我真怕，怕这块土地到处是善的堆垒，挤走了美的踪影。

为此，我更加思念莫高窟。

什么时候，哪一位大手笔的艺术家，能告诉我莫高窟的真正奥秘？日本井上靖的《敦煌》显然不能令人满意，也许应该有中国的赫尔曼·黑塞，写一部《纳尔齐斯与歌尔德蒙》（Narziß und Goldmund），把宗教艺术的产生，刻画得如此激动人心，富有现代精神。

不管怎么说，这块土地上应该重新会聚那场人马喧腾、载歌载舞的游行。

我们，是飞天的后人。

【作者：余秋雨】

一、文章分析

1. “中国的许多文物遗迹常常带有历史的层累性”在后文中是如何表现的？

2. 为什么说“看莫高窟，不是看死了一千年的标本，而是看活了一千年的生命”？

3. 你认为敦煌莫高窟给作者带来了什么感触？

文\章\三

大迁徙（节选）

霍去病的部队离开河西走廊的那一刻，匈奴的大迁徙就开始了。

迁徙是迟早的事情，但匈奴仍然有些不舍。毕竟，这是他们生活了数百年的家园。这片土地水草丰茂，景色绚丽。山上终年积雪，山下溪流潺潺。山中有云杉、雪莲，有麋鹿、羚羊，还有可做胭脂的红蓝草和美若慧娟的女子。数百年来，匈奴凭借河西走廊战略的区位优势和焉支山天然的养马优势，在这里繁衍生息，快乐生活。这里留下了他们太多的故事，也留下他们太多的记忆。尤其是养马技术，经过他们多年精心培育和改良换代，这里生产的马匹已成为世界上最优良的马种之一。匈奴骑兵和汉军骑兵大约是4∶1。战略装备的绝对优势，使得匈奴迅速成为北方霸主。而现在，他们失败了，他们面临的是一场大迁徙。

汉朝皇帝的安抚政策是非常优厚的，也是极具人性化的。只要他们不再与大汉为敌，不再在边境烧杀劫掠，就可以得到宽大处理。一些不降将士被杀，其他将士和他们的家属，并没有受到太大的牵连和损失。相反，汉天子还征召了中原的士子和农夫，教他们学习汉语和稼穑技术。但精神上的创伤和灵魂上的缺失，成了一个民族难以愈合的创伤。蝇营狗苟，那不是匈奴的性格。

汉军所向披靡，速战速决，大获全胜。但汉军并没有迅速撤离，而是用一年多的时间里，在河西走廊这片土地上来来去去折转往返冲杀了三次，干净而彻底地消灭了盘踞在河西走廊的匈奴部队。之后，在这片土地上建立了武威、张掖、酒泉、敦煌四郡。这是中原王朝第一次走进这片土地，也是汉军与匈奴多年交锋中取得的一次最辉煌的胜利。这次胜利，为中华民族走向伟大复兴和后来多民族融合奠定了基础。

这次胜利可谓来之不易。为了这次胜利，汉军经历了近百年的忍辱负重和休养生息。为了这次胜利，多少汉家子弟为之落泪，多少边陲将士为之蒙羞。他们中有卧薪尝胆的汉天子刘恒、刘启，有历经艰难不辱使命的张骞、苏武，有含泪走向大漠胡天老死他方的刘惜君、解忧公主，有高呼“匈奴未灭，何以为家”的霍去病、赵破奴，等等。在这里，我必须添加上一个匈奴人的名字，他就是堂邑父。他们为中华民族的团结和进步，做出了不朽的功勋，付出了不懈的努力。

我想第一个抄起马鞭扛起家什赶着牛羊上路的应该是一个匈奴青年。他战时为兵，闲时为民。现在，他没有战死沙场，反而成了他的羞辱。焉支山下的酥油草依旧迎风摇曳，苍翠欲滴。但昨日的鲜花，开不出今天的绚丽；明日的太阳，照不到今天的脸上。于是，他不顾任何人的劝阻，毅然决然地出发了，踏上了迁徙的征途。公元前 121 年的阳光照射在祁连山上，雪线比今天更加晶莹闪亮。那一刻，他们从河西走廊焉支山下的一个山洼里出发，蹚过弱水，涉过草地，向北，向西，走向他们要奔赴的大地。他们要去往哪里呢，不知道。他们要去的是一个很远很远的地方，那里有他们梦中的天堂。

一场民族的大迁徙开始了。

汉军并没有把匈奴赶尽杀绝的意思。当然，汉王朝也没有那个能力。河西走廊的匈奴遭受重创，但北部草原匈奴的实力依然强盛。事实也是如此，在之后的几次战役中，除了霍去病率领的那支部队大获全胜，其他几路大军和几次战役，战绩均不理想。汉军与匈奴的每一次交战，都要付出很大的代价。好在漠南之战胜利了，河西之战胜利了，漠北之战也胜利了，汉王朝不但打击了匈奴的嚣张气焰，同时打败了匈奴不可战胜的神话。世界格局，由此发生了根本性的变化。

后来的事实证明，那些投降的匈奴是明智的。浑邪王被封为漯阴侯，呼毒尼被封为下麾侯，鹰庇被封为辉渠侯。他们仍旧居住在张掖黑水国一带。只是，他们的官名改了，性质变了，权力小了。他们再也不能在这片土地上肆意妄为、张扬跋扈，他们再也不能在这里纵情欢歌、呼啸而过。那些以羊作马、练习箭术的匈奴少年再也看不见了。投降的一些匈奴进步人士和优秀人才，则入汉效力。这方面最具代表性的人物是金日磾。金日磾是休屠王的太子，十四岁时被霍去病的部队俘虏，没入汉宫，由马奴开始，后位极人臣。金日磾死后官葬茂陵旁边，与霍去病的陵墓只有数百步的距离。

匈奴由弱转强、由盛而衰的时间大约持续了六百年，这六百年的时间，匈奴历经头曼、冒顿、老上、军臣、伊稚斜（军臣之弟）、乌维、詹师庐、句黎湖（乌维之弟）、且鞮侯（句黎湖之弟）、狐鹿姑、壶衍鞮、虚闾权渠（壶衍鞮之弟）等约五十位单于。公元 431 年，夏亡于吐谷浑，匈奴几乎再没有出现于史书。夏的首领为匈奴后裔。到公元 445 年的时候，阿提拉登上罗马帝国的政治舞台。阿提拉是不是中国匈奴的后裔，至今仍然是个模棱两可的谜。

这次大迁徙之前一百多年，河西走廊还发生过了一场大规模的迁徙。那次迁徙是一个叫月氏的民族。月氏也是一个非常强悍的民族，最强大时"控弦十余万"。秦汉之时，月氏乘匈奴和汉朝之间的战争，迅速打败了乌孙，占据了河西走廊，并斩杀乌孙王难兜靡。后来，北方匈奴崛起，向西扩张，来到了河西走廊。在另一次匈奴与乌孙联军的攻击下，月氏不敌，退出了河西走廊。匈奴杀了月氏王，并用月氏王的头颅做了酒具。月氏西迁一百多年后，匈奴西迁。

大迁徙是慌乱的，也是惊恐的，更是杂乱无序和撕心裂肺的。大迁徙应该有女人的啼泣，大迁徙应该有孩子的嚎叫，大迁徙应该有青年的叹息，大迁徙应该有老人的无语。大迁徙别无选择的余地。写到这里，我的心中突生一种无由的悲怆和慨然失意。我的脑海中突然浮现出匈奴离别时的那些凌乱画面和那首古歌。那首古歌应该就是从

这个时候开始唱响。那些匈奴健儿的背影，应该是从这个时候开始，被历史的大手一点一点地抹去。

亡我祁连山，使我六畜不蕃息；
失我焉支山，使我嫁妇无颜色。

这首被无数学人引用过的匈奴古歌，在这里，我只能再引用一次。也只有这首古歌，方能表达我对匈奴的理解和穿越千年的遥相感知。也只有这首古歌，能准确地传递出一个民族离去时的无奈心情和泣血悲凉。一个在北方草原上称雄数百年的游牧民族，就这样远去了。当然，尽管他们消失了，我们绝不敢妄自菲薄，或横加指责。

大迁徙从公元前 121 年开始，大约经历了五六百年的时间，匈奴基本上走出了中原的视线。他们迁徙的路线大致是，从河西走廊出发，一路向北、向西，走过连绵不断的山峦，走过茫茫无尽的草地，走过望不到边际的大漠戈壁，最终翻越阿尔泰山，走向一个叫伏尔加河和多瑙河的地方。如同他们崛起得轰轰烈烈，匈奴消失得干净彻底。匈奴的分崩和消失，成了一个千古之谜。

这次大迁徙是中国历史上规模最大的一次迁徙，也是持续时间最长的一次迁徙。在此期间，汉军的每一次胜利，动辄就可得到匈奴数百万的羊只和马匹，由此可见北方草原的景色之美和匈奴贵族的富裕程度。这次大迁徙消失了一个民族，也消失了一个国家。这次大迁徙强盛了一个民族，也强盛了一个国家。这个消失了的民族就是匈奴族，这个强盛了的国家就是大汉帝国。大汉精神，由此成了中华民族一个永恒的高度。

匈奴的迁徙，是汉王朝强盛的开始。

【作者：周步】

一、文章分析

1.“这次胜利可谓来之不易。”结合全文，分析胜利来之不易的原因。

2. 一次迁徙，是一个民族的消失，也是一个国家的强盛。作者用详尽的笔墨，讲述了匈奴的迁徙，是汉王朝强盛的开始。试着探索世界历史上，其他民族的迁徙和融合。

文╲章╲四

罐罐茶

泾河沿岸的南山麓，自古就有喝“罐罐茶”的习俗。南山干旱阴冷，山里人多患腰腿病，盘膝坐在麦草烧热的土炕头，架旺火盆上的木柴火，将黑瓦罐罐里的茶熬得浓酽①至极，一口口呷②着，十分舒坦。这种嗜好相沿成习，特别在逢年过节期间，家家都备有火盆茶具，借以聚会亲友。酒肉果菜可以没有，罐罐茶断是少不得的。饭后再敬一杯则是表示主人最为诚挚的美意。这样喝茶，在冬春，热腾腾的可驱寒御冷；在夏秋，苦丝丝的可沁骨提神。如果没有这道茶，主人就会大感窘迫。近年来，随着兴修水利，泾河的水被引灌上原，不用下沟去挑了。

其实，龙茶的“龙”字不过附会了中国关于“龙”的传说，而茶却实实在在于山里种植起来。南山在盘龙形状的六盘山之南，土地干旱贫瘠，自古荒僻少有树木；如今钻进一道又一道鸡爪挠过似的沟壑③，在枯褐冷峻的黄土深皱褶里铺出一丛丛扑朔迷离的绿树。这就是黄土高原的新绿之梦——龙茶树。茶树是从杭州和四川引进的，由于气候土质的差异，已变异为陇上特有的野茶，味兼川京而添西北山性，加之这茶林在修有龙王庙的那条山沟里最为繁茂，而且味醇，茶的龙姓就迎风四播了。六七月间，山里人不仅托人在四川捎砖茶，或购来龙井细品，还在自己的关山、百里、

① 浓酽（nóng yàn）：汁液稠，味道厚。
② 呷（xiá）：小口地喝，吸引。
③ 沟壑（gōu hè）：坑谷，山沟。

龙门一带峁梁上，从当年从生柠条灰蒿的蜗行台田里采下黄半未匀的嫩茶，掺合龙井下在罐罐里熬喝。这和过去相比是别有一番滋味的。过去，山里人喝罐罐茶是无茶无水。无茶，再穷的人可从口边省下粮钱到山外去买茶叶；无水呢，就提着罐儿起早贪黑到沟底龙王庙的龙泉边接黄土渗出的滴水，一点一滴地等，一瓶一碗地盛，往往日以继夜，大罐小坛排成了龙形长队。若遇大雨，各家的涝池满了，就可以解几个月的苦渴。这样，讲究喝茶的老人不独藏山外奇茶，还藏黄泥岗子上的野树叶子，将最苦最麻的野树叶儿，经揉、蒸、晒干，以备茶荒。特别是对龙王庙的水，珍藏更显功夫。老人们往往既是山里的罐罐茶的茶师，又是藏水师，家里备有十几个坛罐大缸，装着雨水、龙泉水、涝池水不等，像贮酒一样加封密存；过三五月或半年以上，水里黄泥杂质沉淀了，清亮亮的陈水漂着茶叶在一小截镢（juē）把细的瓦罐里煎煮，熬得只剩一酒盅些许的茶汁，才嘴巴发响着津津有味地呷起来。去年，从泾河水库引修了一条新干渠，千年的旱原见水了，青年们首先打开了自家封存的几缸陈水，邀友品茗挥霍了几日。

从接渗水到渠水哗哗门前过，饮茶之乡有了水源，作为南山人怎不高兴呢？伏龙之后南山人又引种龙茶树，培育自己的新“野”种。这种前所未有的变化，真有龙之俯则蹈水，仰则冲天的意味！更有趣的是年轻人把自采的新茶叶幽默地叫做龙的“剥鳞”“抽筋”。这是何等的气概！山里罐罐茶的苦涩意味着山里人熬惯了苦，而茶本身则显示着一种盈绿希望的献身精神。犹如泾河水一样，大山没有弯曲低俯的性格，水却弯弯曲曲降伏了漫漫途程。更如茶树，它可以出山选择舒坦平静的东风笑意，可偏偏扎根于西北深沟荒原，把春色献给野山野洼，任掐、压、烘、揉，任火烹水煎，在热水里舒展干枯的形容，用自己的浮沉给人间酿就苦后的甘醇。

【作者：姚学礼】

一、文章分析

1. “南山在盘龙形状的六盘山之南，土地干旱贫瘠，自古荒僻少有树木；如今钻进一道又一道鸡爪挠过似的沟壑，在枯褐冷峻的黄土深皱褶里铺出一丛丛扑朔迷离的绿树。”其中的比喻可以去掉吗？请分析具体原因。

2. “山里罐罐茶的苦涩意味着山里人熬惯了苦，而茶本身则显示着一种盈绿希望的献身精神。犹如泾河水一样，大山没有弯曲低俯的性格，水却弯弯曲曲降伏了漫漫途程。”请用一句话概括这两句话。

第七单元

DI QI DAN YUAN

文／章／一

神农尝百草

在遥远的西方，有一座昆仑山，山里住着一位叫西王母的女神。西王母不仅掌管着极其珍贵的不死药，而且还有一个重要职责：看守各种毒虫疫兽。因为毒虫疫兽一旦流散，疾病、瘟疫就可能蔓延。

然而，不幸还是发生了。由于西王母最宠爱的三足乌的失职，毒虫疫兽流出了昆仑山。不久，瘟疫开始蔓延。天下百姓苦不堪言。为了减轻百姓的痛苦，天帝派遣神农降临到人间。

神农是个慈爱的天神，他长着牛样的头、人样的身体，而且整个身体玲珑剔透。为了防止瘟疫的蔓延，治愈患有疾病的百姓，神农需要更多的粮食来让人们增强体质，需要更多的草药来消除人们的病痛。

可是神农发现，人世间五谷和杂草长在一块儿，药物和百花开成一簇，哪些粮食可以吃，哪些草药可以治病， 谁也分不清。百姓生疮害病，无医无药，饱受病痛折磨。

这一切，神农瞧在眼里，疼在心头。怎样才能为百姓治病？怎样才能减轻百姓的疾苦呢？神农苦思冥想许久，终于悟出了一个真理：不入虎穴，焉得虎子。他要亲自去尝遍百草。

一天，神农正在寻思着什么植物可以让人们吃了不仅能充饥还能强身。一只全身通红的大鹏掠过天空，它嘴里衔着一株九穗的禾苗。穗上的谷粒纷纷撒落下来，神农便把它们拾起来，种到田里。谷粒来年长成了高大的嘉禾。神奇的是人们吃了它就不觉得饥饿，而且体力也增强了许多。

这一天，神农来到中原的金冈一带，品尝草木，发现草木中有酸甜苦辣等各种味道。他就将带有苦味的草，给咳嗽不止的人吃，这个人的咳嗽立刻减轻不少；把带有酸味的草，给肚子有病的人吃，这个人的肚子就不疼了。

草木品种实在是太多了，真是数也数不清。神农为了加快品尝药草的速度，使用了一种叫“神鞭”的工具，用它来鞭打各种各样的草木；这些草木经过神鞭一打，它们有毒无毒，或苦或甜，或寒或热，各种药性都会自然地显露出来。

神农就根据这些草木的不同药性，给人类治病。他在成阳山上，曾经使用神鞭，发现不少疗效显著的草药，如：甘草可以治疗咳嗽，大黄可以治疗便秘，黄连可以消肿，等等。

尝百草是十分辛苦的事，神农不仅要跋山涉水寻找草药，而且品尝草药还有生命危险。神农为了寻找草药，曾经在一天就中毒十三次。好在他的身体是透明的，从外面就可以看到他的五脏六腑，虽然尝药中毒，但是可以知道中毒的部位，因而能及时找到解救的方法。

虽然这样，中了毒仍是一件很痛苦的事。有一次，神农把一棵草放到嘴里一尝，霎时间天旋地转，一头栽倒。周围的人慌忙扶他坐起，他明白自己中了毒，可是已经不会说话了，只好用最后一点力气，指着面前一棵红亮亮的灵芝草，又指指自己的嘴巴。于是一个有经验的老者把那棵红色的灵芝草放到嘴里嚼嚼，喂到他嘴里。神农吃了灵芝草，毒气解了，头不昏了，会说话了。从此，人们都说灵芝草能起死回生。

由于瘟疫无情地肆虐，患者的疾病也不断地增多，而神农所发现的有治病功效的草药显然是不够的。他为了治疗更多的疾病，便不停地去品尝更多的草药。

一次，他在品尝一种攀缘在石缝中开小黄花的藤状植物时，把花和茎吃到肚子里，没有多久，就感到肚子钻心地痛，好像肠子断裂了一样，痛得他死去活来，满地打滚。

最后他没来得及吃解毒药，被毒死了。

神农虽然被毒死了，但他用自己的生命发现了一种含有剧毒的植物，人们给它起名叫断肠草。

【作者：曲靖】

一、根据文章内容选择正确答案。（从 ABCD 中选择一个最佳答案）

1. 短文主要写了神农对人类的哪个贡献？（　　）

A. 发现“五谷”

B. 教人们耕种和收割

C. 发现草药，配成药方

D. 给人们治病

2. 关于神农的故事还有很多，下列不是关于他的故事的一项是（　　）

A. 用五彩石补天

B. 以火德治天下

C. 发现了茶叶

D. 发明农具以木制耒耜

二、文章分析

1. 通读全文，总结出神农的性格特点。

2. 这个神话故事反映出中华民族的哪些传统美德？

文╲章╲二

女娲补天

不周山这擎天大柱一倒，半边天就坍塌了下来。不仅天上出现了一个个的大窟窿，地上也被震得满是深坑。地心为此也涌出了洪水，江河湖海的水也因震荡而被冲上陆地。它们交混着泛起滚滚恶浪，到处一片汪洋。山石因撞击而迸发出的火花，使一片片山林燃烧起熊熊的烈火。熊熊烈火把毒蛇猛兽通通赶出了山林。毒蛇猛兽四处逃窜，残害百姓。人类面临着空前的大灾难。

女娲目睹着人类遭受如此灾难，感到无比痛心。她决心把天地修补起来，让子孙们重新过上美好的生活。拿什么来修补天地呢？女娲环视着周围，深思了许久。忽然，她想到了一个绝妙的主意。女娲先从山上选来了各种各样的五色石子，用大火将它们熔化成浆，然后用这些石浆去补一个个残缺的天窟窿。眼看大功即将告成，却发现五色石不够用了，女娲心里十分着急。为了能得到修补天洞的五色石，女娲开始到各处去寻找。可是天上的窟窿实在太大，也实在太多了，地上的五色石毕竟有限啊。这可怎么办呢？善良的女娲只好牺牲自己，用身体来补天上的大洞，经过无数次的努力，女娲终于补好了天。

可是坍塌了半边的天又用什么来支撑呢？

女娲想到了东海的神龟。她来到东海，斩下一只大龟的四只脚，把它们当做四根柱子。然后她来到不周山倒塌的西北部，将这片倒塌了的半边天支撑起来。

但是由于龟腿短一些，致使西北天边偏低。从此，天就往西北边倾斜，日月星辰都会朝这个方向溜去。

为了让洪水不再漫延，女娲收集了许许多多的芦草，把它们烧成灰，堵塞到洪水流经的大小沟壑[①]里。女娲使出了比造人时还要多一百倍的精力，才把地上纵横交错的沟壑填平。然而，由于地面受到了剧烈的震荡，东南方逐渐低沉，因而地上的江河总是向东南方流去。

这时，四处逃窜的毒蛇猛兽还危害着百姓。女娲得知后，只身赶来杀掉了危害百姓的龙蛇。这样一来，毒蛇猛兽都害怕了，相继躲进了深山老林，再不敢到处肆虐百姓了。

由于女娲的智慧与果敢，人类终于从这次巨大的灾难中解脱出来。

从此，天地间有了日月星辰的运行，有了春夏秋冬四季的不同和昼夜的交替，有了江河水流的归顺，有了茂盛的草木，有了丰硕的五谷。

总之，天地间又恢复了宁静，人类获得了重生。大地欣欣向荣，气象万千，充满了生机。

【作者：盛州仁】

一、文章分析

1. 女娲分别用了什么东西才将天洞补好？

2. 通过这个神话故事，我们可以看出女娲是个什么样的人？

① 沟壑（gōu hè）：溪谷；山涧。

文╲章╲三

后羿射日

相传尧在位的时候，天空中出现了十个太阳，这种情况一连持续了好多年。

天空成了太阳们的世界，强烈的阳光把土地烤焦了，把禾苗晒枯干了，甚至连铜铁沙石都要被晒化了。人们热得喘不过气，血液在体腔内差一点就会沸腾。大地上可吃的东西已快断绝了，胃里又燃烧起一把饥饿的火，逼得大家几乎都要发疯了。

真是祸不单行。由于天气酷热，还有一班怪禽猛兽，像猰貐（yà yǔ）、凿齿、九婴、大风、封豨（xī）、修蛇等从火焰似的森林或沸汤般的江湖里跑出来，逞着它们暴烈的性情肆无忌惮地残害人民，弄得本来已经在水深火热中的人民，更加活不下去了。

十个太阳一齐出现在天空惹出的灾祸，使作为国君的尧非常烦恼，除了每天向上帝呼吁祷告以外，简直没有任何办法。十个太阳，都是东方天帝帝俊的儿子。帝俊身为天帝，对儿子们的胡闹和猛兽作怪也极为不满，于是，就派擅长射箭的后羿到民间去教训他们。

后羿带着妻子嫦娥来到下方。尧立即就陪伴着后羿夫妻俩去巡视人民的灾情。可怜的人民，每天在十个太阳的烤炙下，有的已经不堪忍受而痛苦地死去，不死的也已经是奄奄一息，只剩一把黑瘦的骨头了。可是当他们听到天神后羿下到凡间要为他们射日的时候，顿然又都恢复了活力。四面八方的人民，都赶到王城所在的地方，聚集在广场上，欢呼雀跃，要求后羿替他们诛除祸害。

最迫在眉睫的，当然就是一齐出现在天空中的这十个太阳。起初，后羿原本打算虚张声势，恐吓一下他们，叫他们不敢再随便出来调皮也就罢了。可他哪里知道这些骄纵惯了的少爷，看见后羿在下面拈弓搭箭、作势要射的样子，竟满不在乎，只在肚子里冷笑而已。这一来着实惹恼了后羿，正直的后羿心想：就算你们是天帝的儿子，只要你们敢于和人民为敌，我就敢于收拾你们！

于是他就真的走到广场中央，举起神弓神箭，搭上箭拉满弓，对准天空中的一个太阳，“嗖”的一箭射上去。起初似乎看不出什么，过了一会儿，只见天空中一团火球悄无声息地爆裂了，流火乱飞，金色的羽毛纷纷四散，“轰”的一声落在地上的，是一团红亮的东西。人们跑近前去一看，原来是一只极大的金黄色的三足乌鸦，想来这便是太阳精魂的化身了。再向天上一看，太阳果然只剩下九个，空气也似乎比先前凉爽了一些，人们不由得齐声喝起彩来。

后羿心想：祸事既然已经闯下了，索性一不做二不休。于是他便又连忙拈弓搭箭，向着天空中东一个西一个战栗而正想逃跑的太阳射去。一支支箭像疾鸟般地从弓弦上发出，只听到“嗖嗖嗖”的箭声，紧接着就可以看到天空中团团火球无声地爆裂，满天流火，数不清的金色羽毛四散在空中。

三足乌鸦一只只地坠落下来，人民的欢呼声响彻了大地，后羿见自己的所作所为正是人心所向，因此射得更加酣畅而高兴。站在土坛上看射箭的尧，忽然想起太阳对于人民来讲也是必不可少的，不能全射下来，又看难以阻止正在兴头上的后羿，于是赶紧命人暗中从后羿的箭袋里抽出了一支箭。后羿以为十支箭都射完了，就停下来，因此天空中剩下了一个太阳。可怜这顽皮的孩子已经吓得脸色发白，地面上的人们都吵嚷着冷起来了。

后羿射落的九个太阳，作为太阳精魂化身的金色三足乌鸦固然是落到了地面上，至于那些爆裂的火球，却又落到什么地方去了呢？这里还有一个神话传说。据说它们都落到了东洋大海里，变做了“沃焦”。什么叫“沃焦”呢？原来在东洋大海里，有一块巨大无比的石头，方圆是四万里，厚也是四万里，滚热、发烫，像个大火炭团，海水灌注到上面，一下子就会被吸收进去，烘得焦干，所以叫它“沃焦”，据说它就是被后羿射落的九个太阳的碎壳流浆凝聚起来变成的。大川小河的水，流注到海洋去，并没见它涨溢出来，一个重要的原因就在于此。

【作者：李问渠】

一、文章分析

1. 后羿射日最根本的原因是什么？

2. 通过这个神话故事，我们能看出后羿具有什么样的性格特征？

文／章／四

愚公移山

很久很久以前，在一个叫冀州的地方，住着一位叫愚公的老人。老人快九十岁了，膝下儿孙满堂，一家几十口，日子过得其乐融融。但愚公从不服老，每天照样带领着子孙们上山打柴、下地耕作，早出晚归，非常认真。

由于家里的人口多，所以每年都要开荒种地。在山地上开荒可不是一件容易的事儿。但老人总是以身作则，率领着家人顶风冒雨，起早贪黑，从不被困难吓倒。

他经常教导子孙们说：无论什么事，干就要干好，就要干到底。如果畏难偷懒，就将一事无成！因此在他开垦的田地里，找不出一块石头，就是再大再硬的山石，他也要一锤锤、一凿凿地把它搞碎再运走。

为了让庄稼长得好、长得壮，每块土地他都要垫上最肥沃的土壤，哪怕担运这样的土壤需要往返几里，甚至几十里，他也从不怕花力气。

愚公就是这么一个倔强而固执的老人。

在愚公家的前面有两座大山，一座叫做太行山，一座叫做王屋山。这两座山占地七百里，高有万仞，在冀州的南面，黄河的北面。因此愚公一家和邻近居住的许多人家，每次出门赶集，或者看望亲朋好友，都要绕很大的弯路，极不方便。

这天，愚公把全家人都召集到了一起，说：“这两座山实在是太可恶了，挡住咱们的去路，进进出出总要迂回绕道而行。我一直寻思着要把它们搬走。虽然我现在年事已高，可身体还很健朗。为了大家和大家的子孙们打

算，咱们应该一起努力，把这两座山搬掉，再修一条直通豫南、到达汉水之滨的大道，岂不方便多了？你们看这样如何？”

全家人一听，都纷纷赞成。

只是愚公的妻子听后有些担心地说：“要说这两座山，我也很想把它搬掉。但我担心你的年岁已高，恐怕就连魁父那样的小山丘，也不一定能铲得平，何况是太行和王屋这样大的两座山呢？再说那些挖下来的土块和山石又堆放到哪里去呢？”

还没等愚公回答，儿孙们就都抢着说：“虽然爷爷老了，但有我们大家。那些挖下来的土块山石，只要运到渤海边上就行了，这都不成问题。”

征得了大家同意，搬山的工程就开始了。愚公率领着儿孙们，挖土的挖土，凿石的凿石，然后把挖出来的山石土块，肩担人挑地朝渤海边搬运。远村近邻的人们听说老愚公有这样的雄心，不断有人参加进来帮忙。

妇人和老人们也不示弱，大家都尽力做一些力所能及的事。就连没有什么劳动力的京城氏和她那刚学会跑路的小孩，也都来为大家送水、送饭。

本来挖山凿石就是一件很艰难的事，要把山石从太行和王屋两山再搬到遥远的渤海边，就更艰难了。但是这些困难并没有难倒愚公和他的子孙们，大家从不气馁，每天挖山、运土不止。

这时，有个名叫智叟的老头在一旁讥笑：“老兄，你真是愚蠢极了。像你这把年纪了，还能活几天，有多少力气？我看你们连个山头也铲不掉，何况这样两座大山呢？还是趁早别干了！”

“唉，人家都说你很聪明，但我看你却连个寡妇、小孩子的见识都没有！”愚公叹息地说，“你想啊，即使我死了，还有我的儿子，儿子死了，还有孙子，子子孙孙是没有穷尽的。虽然这两座山很高，但是不会再增高了。我们世世代代干下去，挖一点就会少一点，总有一天会挖完，总有一天可以搬走！”

这一番话驳得智叟哑口无言，他只得灰溜溜地走开了。

愚公的这番话被一位住在山上、手里拿着蛇的天神听见了。他正是掌管太行和王屋这两座山的山神。于是，山神把这事禀告了天帝。天帝听后深深地为愚公的这种坚韧不拔的精神所感动，就派了天上的两个大力士——夸娥氏的两个儿子，把两座山背走了，一座安放到朔东，一座安放到雍南。

从此，从冀州往南，直达汉水的南边，再没有高山挡路了。

【作者：贾友庞】

一、文章分析

1. 愚公移山的原因是什么？

2. 用原文回答问题：对于愚公移山的决定，其妻的态度是什么？在移山过程中，其邻人的态度是什么？ 智叟的态度是什么？

3. 通读全文，你认为愚公是真的愚蠢吗，智叟是真的智慧吗，为什么？作者这样起名的用意是什么？

第八单元

DI BA DAN YUAN

文／章／一

吆喝

二十年代一位在北京作寓公的英国诗人奥斯伯特·斯提维尔写过一篇《北京的声与色》，把当时走街串巷的小贩用以招徕顾客而做出的种种音响形容成街头管弦乐队，还分别列举了哪些是管乐、弦乐和打击乐器。他特别喜欢串街的理发师（“剃头的”）手里那把钳形铁铉。用铁板从中间一抽，就会“刺啦”一声发出带点颤巍的金属声响，很像西洋乐师们用的定音叉。此外，布贩子手里的拨浪鼓和珠宝玉石收购商打的小鼓，也都给他以快感。当然还有磨剪子磨刀的吹的长号。他惊奇的是，每一种乐器，都代表一种行当。而坐在家里的主妇一听，就准知道街上过的什么商贩。

囿[①]于语言的隔阂，洋人只能欣赏器乐。其实，更值得一提的是声乐部分——就是北京街头各种商贩的叫卖。

听过相声《卖布头》或《改行》的，都不免会佩服当年那些叫卖者的本事。得气力足，嗓子脆，口齿伶俐，咬字清楚，还要会现编词儿，脑子快，能随机应变。

我小时候，一年四季不论刮风下雨，胡同里从早到晚叫卖声没个停。

大清早过卖早点的：大米粥呀，油炸果（鬼）的。然后是卖青菜和卖花儿的，讲究把挑子上的货品一样不漏地都唱出来，用一副好嗓子招徕顾客。白天就更热闹了，就像把百货商店和修理行业都拆开来，一样样地在

① 囿（yòu）：拘泥。

你门前展销。到了夜晚的叫卖声也十分精彩。

“馄饨喂——开锅！”这是特别给开夜车的或赌家们备下的夜宵，就像南方的汤圆。在北京，都说“剃头的挑子，一头热”，其实，馄饨挑子也一样。一头儿是一串小抽屉，里头放着各种半制成的原料：皮儿、馅儿和佐料儿，另一头是一口汤锅。火门一打，锅里的水就沸腾起来。馄饨不但当面煮，还讲究现吃现包，讲究皮要薄，馅儿要大。

从吆喝来说，我更喜欢卖硬面饽饽的：声音厚实，词儿朴素，就一声“硬面——饽饽”，光宣布卖的是什么，一点也不吹嘘什么。

可夜晚过的，并不都是卖吃食的，还有唱话匣子的。大冷天，背了一具沉甸甸的留声机和半箱唱片。唱的多半是京剧或大鼓。我也听过一张不说不唱的叫“洋人哈哈笑”，一张片子从头笑到尾。我心想，多累人啊！我最讨厌胜利公司那个商标了：一只狗蹲坐在大喇叭前头，支棱着耳朵在听唱片。那简直是骂人。

那时夜里还经常过敲小钹的盲人，大概那也属于打击乐吧。“算灵卦！”我心想：“怎么不先替你自己算算！”还有过乞丐。至今我还记得一个乞丐叫得多么凄厉动人。他几乎全部用颤音，先挑高了嗓子喊“行好的——老爷——太（哎）太”，过好一会儿，（好像饿得接不上气儿啦）才接下去用低音喊：“有那剩饭——剩菜——赏我点儿吃吧！”

四季叫卖的货色自然都不同。春天一到，卖大小金鱼儿的就该出来了，我对卖蛤蟆骨朵儿（蝌蚪）最有好感，一是我买得起，花上一个制钱，就往碗里捞上十来只；二是玩够了还能吞下去。我一直奇怪它们怎么没在我肚子里变成青蛙！一到夏天，西瓜和碎冰制成的雪花酪就上市了。秋天该卖“树熟的秋海棠”了。卖柿子的吆喝有简繁两种。简的只一声“喝了蜜的大柿子”。其实满够了。可那时小贩都想卖弄一下嗓门儿，所以有的卖柿子的不但词儿编得热闹，还卖弄一通唱腔。最起码也得像歌剧里那种半说半唱的道白。一到冬天，“葫芦儿——刚蘸得”就出场了。那时，北京比现下冷多了。我上学时鼻涕眼泪总冻成冰，只要兜里还有个制钱，一听“烤白薯哇真热乎”，就非买上一块不可，一路上既可以把那烫手的白薯揣在袖筒里取暖，到学校还可以拿出来吃，可以拿出来大嚼一通。

叫卖实际上就是一种口头广告，所以也得变着法儿吸引顾客。比如卖一种用秫秸秆制成的玩具，就吆喝："小玩艺儿赛活的。"有的吆喝告诉你制作的过程，如城厢里常卖的一种近似烧卖的吃食，就介绍得十分全面："蒸而又炸呀，油儿又白搭。面的包儿来，西葫芦的馅儿啊，蒸而又炸。"也有简单些的，如“卤煮喂，炸豆腐哟”。有的借甲物形容乙物，如“栗子味儿的白薯”或“萝卜赛过梨”。“葫芦儿——冰塔儿”既简洁又生动，两个字就把葫芦（不管是山楂、荸荠还是山药豆的）形容得晶莹可人。卖山里红（山楂）的靠戏剧性来吸引人，“就剩两挂啦”。其实，他身上挂满了那用绳串起的紫红色果子。

有的小贩吆喝起来声音细而高，有的低而深沉。我怕听那种忽高忽低的，也许由于小时人家告诉我卖荷叶糕的是“拍花子的”（拐卖儿童的），我特别害怕。他先尖声尖气地喊一声“一包糖来”，然后放低至少八度，来一声“荷叶糕”。这么叫法的还有个卖荞麦皮的。有一回他在我身后“哟”了一声，把我吓了个马趴。等我站起身来，他才用深厚的男低音唱出“荞麦皮耶”。

特别出色的是那种合辙押韵的吆喝。我在小说《邓山东》里写的那个卖炸食的确有其人，至于他替学生挨打，那纯是我瞎编的。有个卖萝卜的这么吆喝："又不糠来又不辣，两捆萝卜一个大。""大"就是一个铜板。甚至有的乞丐也油嘴滑舌地编起快板："老太太（那个）真行好，给个饽饽吃不了。东屋里瞧（那么）西屋里看，没有饽饽赏碗饭。"

现在北京城倒还剩一种吆喝，就是“冰棍——三分勒”，语气间像是五分的减成三分了，其实就是三分一根儿，可见这种带戏剧性的叫卖艺术并没失传。

【作者：萧乾】

一、根据文章内容选择正确答案。（从 ABCD 中选择一个最佳答案）

1. 被英国诗人奥斯伯特·斯提维尔认为很像西洋乐师们用的定音叉的是（　）

A. 布贩子手里的拨浪鼓

B. 珠宝玉石收购商打的小鼓

C. 剃头的手里那把钳形铁铉

D. 磨剪子磨刀的吹的长号

2. 下列吆喝不是借甲物形容乙物的是（　）

A. 硬面——饽饽

B. 葫芦儿——冰塔儿

C. 栗子味儿的白薯

D. 萝卜赛过梨

二、文章分析

1. 文章中多次提及制钱、铜板等这样的货币价格，这样写的用意是什么？

2. “可夜晚过的，并不都是卖吃食的，还有唱话匣子的。”起承转合，衔接自然，试找出文章中其他的衔接语句，并分析是对哪些内容的承转。

文／章／二

安塞腰鼓

一群茂腾腾的后生。

他们的身后是一片高粱地。他们朴实得就像那片高粱。

咝溜溜的南风吹动了高粱叶子，也吹动了他们的衣衫。

他们的神情沉稳而安静。紧贴在他们身体一侧的腰鼓，呆呆地，似乎从来不曾响过。

但是：

看！

一捶起来就发狠了，忘情了，没命了！百十个斜背响鼓的后生，如百十块被强震不断击起的石头，狂舞在你的面前。骤雨一样，是急促的鼓点；旋风一样，是飞扬的流苏；乱蛙一样，是蹦跳的脚步；火花一样，是闪射的瞳仁；斗虎一样，是强健的风姿。黄土高原上，爆出一场多么壮阔、多么豪放、多么火烈的舞蹈哇，安塞腰鼓！

这腰鼓，使冰冷的空气立即变得燥热了，使恬静的阳光立即变得飞溅了，使困倦的世界立即变得亢奋了。

使人想起：落日照大旗，马鸣风萧萧！

使人想起：千里的雷声万里的闪！

使人想起：晦暗了又明晰，明晰了又晦暗，尔后最终永远明晰了的大彻大悟！

容不得束缚，容不得羁绊，容不得闭塞。是挣脱了、冲破了、撞开了

的那么一股劲！

好一个安塞腰鼓！

百十个腰鼓发出的沉重响声，碰撞在四野长着酸枣树的山崖上，山崖蓦然变成牛皮鼓面了，只听见隆隆，隆隆，隆隆。

百十个腰鼓发出的沉重响声，碰撞在遗落了一切冗杂的观众的心上，观众的心也蓦然变成牛皮鼓面了，也是隆隆，隆隆，隆隆。

隆隆隆隆的豪壮的抒情，隆隆隆隆的严峻的思索，隆隆隆隆的犁尖翻起的杂着草根的土浪，隆隆隆隆的阵痛的发生和排解……

好一个安塞腰鼓！

后生们的胳膊、腿、全身，有力地搏击着，疾速地搏击着，大起大落地搏击着。它震撼着你，烧灼着你，威逼着你。它使你从来没有如此鲜明地感受到生命的存在、活跃和强盛。它使你惊异于那农民衣着包裹着的躯体，那消化着红豆角角老南瓜的躯体，居然可以释放出那么奇伟磅礴的能量！

黄土高原啊，你生养了这些元气淋漓的后生；也只有你，才能承受如此惊心动魄的搏击！

多水的江南是易碎的玻璃，在那儿，打不得这样的腰鼓。

除了黄土高原，哪里再有这么厚这么厚的土层啊！

好一个黄土高原！好一个安塞腰鼓！

每一个舞姿都充满了力量。每一个舞姿都呼呼作响。每一个舞姿都是光和影的匆匆变幻。每一个舞姿都使人颤栗[1]在浓烈的艺术享受中，使人叹为观止。

好一个痛快了山河、蓬勃了想象力的安塞腰鼓！

愈捶愈烈！形体成了沉重而又纷飞的思绪！

愈捶愈烈！思绪中不存任何隐秘！

愈捶愈烈！痛苦和欢乐，生活和梦幻，摆脱和追求，都在这舞姿和鼓点中，交织！旋转！凝聚！奔突！辐射！翻飞！升华！人，成了茫茫一片；声，成了茫茫一片……

当它戛然而止的时候，世界出奇的寂静，以至使人感到对她十分陌生了。

简直像来到另一个星球。

耳畔是一声渺远的鸡啼。

【作者：刘成章】

一、文章分析

1. 找出文章中运用排比的语句，并分析这样写的好处？

2. 安塞腰鼓具有鲜明的地方特色，它所蕴含的是什么？

3. 如何理解“当它戛然而止的时候，世界出奇的寂静，以至使人感到对她十分陌生了”这句话？

① 颤栗（zhàn lì）：发抖，打哆嗦。

文╲章╲三

藏戏

世界上还有几个剧种是戴着面具演出的呢?

世界上还有几个剧种在演出时是没有舞台的呢?

世界上还有几个剧种一部戏可以演出三五天还没有结束的呢?

还是从西藏高僧唐东杰布的传奇故事讲起吧。

那时候，雅鲁藏布江上没有什么桥梁，数不清的牛皮船，被掀翻在野马脱缰般的激流中，许多试图过江的百姓，被咆哮的江水吞没。年轻的僧人唐东杰布许下宏愿，发誓架桥，为民造福。一无所有的唐东杰布，招来的只有一阵哄堂大笑。

于是就有了这样一段传奇。唐东杰布在山南琼结，认识了能歌善舞的七位姑娘，组成了西藏的第一个藏戏班子，用歌舞说唱的形式，表演宗教故事、历史传说，劝人行善积德、出钱出力共同修桥。随着雄浑的歌声响彻雪山旷野，有人献出钱财，有人布施铁块，有人送来粮食，更有大批的农民、工匠跟着他们从一个架桥工地走到另一个架桥工地……藏戏的种子随之撒遍了雪域高原。所到之处，人们为姑娘们俊俏的容貌、婀娜的舞姿、优美清新的唱腔赞叹不已，观众们惊叹道：莫不是阿吉拉姆下凡跳舞了吧!以后人们就将藏戏演出称为“阿吉拉姆”。

就这样，身无分文的唐东杰布在雅鲁藏布江上留下了58座铁索桥，同时，成为藏戏的开山鼻祖。

在藏戏里，身份相同的人物所戴的面具，其颜色和形状基本相同。

善者的面具是白色的，白色代表纯洁；

国王的面具是红色的，红色代表威严；

王妃的面具是绿色的，绿色代表柔顺；

活佛的面具是黄色的，黄色代表吉祥；

巫女的面具是半黑半白，象征其两面三刀的性格；

妖魔的面具青面獠牙，以示压抑和恐怖；

村民老人的面具则用白布或黄布缝制，眼睛、嘴唇处挖一个窟窿，以示朴实敦厚。

面具运用象征、夸张的手法，使戏剧中的人物形象突出、性格鲜明，这是藏戏面具在长期发展的过程中得以保留的重要原因之一。

雪山江河作背景，草原大地作背景。藏戏的艺人们席地而唱，不要幕布，不要灯光，不要道具，只要一鼓、一钹为其伴奏。他们别无所求，只要有观众就行。

观众团团围坐，所有的剧情靠“雄谢巴”的解说和艺人们的说唱来描述。艺人们唱着，说着，跳着，在面具下演绎着各种故事。

在几百年的发展中，藏戏形成了自己固定的程式：开场陈说藏戏历史以招徕观众，正戏表演故事的主要部分，结尾则具有庆贺演出成功之意。

藏戏艺人的唱腔、动作丰富多彩，不一而足。不同的人物用不同的唱腔来演唱，不同的情绪有不同的舞蹈动作来表达，不同的流派、不同的戏班更是有各种风格的表演形式。观众在吃喝玩耍中看戏，一出戏演它个三五天毫不稀奇，大家随心所欲，优哉游哉，毫无倦意。

藏戏就是这样，一代一代地师传身授下去。

【作者：马晨明】

一、文章分析

1. 用自己的话说说藏戏是怎么形成的。

2. 藏戏有什么特色？

3. 藏戏用面具区分不同的人物，在京剧中也有不同颜色的脸谱，试着写出你知道的脸谱的颜色对应的角色。

文／章／四

姥姥的剪纸

大平原托着的小屯里，左邻右舍的窗子上，都贴着姥姥心灵手巧的劳作。

一把普普通通的剪刀，一张普普通通的彩纸，在姥姥的手里翻来折去，便要什么就有什么了，人物、动物、植物、器物，无所不能。我从小就听人啧啧赞叹："你姥姥神了，剪猫像猫，剪虎像虎，剪只母鸡能下蛋，剪只公鸡能打鸣。"

这自然是夸张的说法，但反映了姥姥剪纸技艺的深入人心。慈祥的姥姥广结善缘，有求必应，任谁开口都行。姥姥撩起蓝布围裙擦擦手："说吧，派啥用场？往哪儿贴？"看人乐颠颠地走了，她接着干活儿：洗衣服、纳鞋底、择菜、淘米、喂猪、薅草……

我看惯也记牢了姥姥剪纸时身心入境的神态，那剪刀行在纸上的"刷刷"声，悦耳至极。我是个出名的调皮蛋，经常变着花样刁难姥姥。一天，我用双手死死地捂住姥姥的双眼，让她摸着剪窗花。岂知工夫不大，一幅"喜鹊登枝"便完成了。嗬！梅枝与喜鹊形象生动，大小疏密无可挑剔。我服了，可还耍赖："姥姥，你从我手指缝里偷着往外看了！"

"你差点儿把姥姥的眼珠子按冒了！"姥姥用指头点了一下我的鼻子，"熟能生巧，总剪，手都有准头了！"

是的，庄稼人都图个吉利，姥姥对"喜鹊登枝"最熟悉不过了。数九隆冬剪，三伏盛夏剪，日光下剪，月光下剪，灯光下剪，甚至摸黑剪。姥

姥的手就是眼睛，好使的剪刀就像她两根延长的手指。

密云多雨的盛夏，姥姥怕我溜到河里游泳出危险，便用剪纸把我拴在屋檐下。她从旧作业本上撕下一页纸，“刷刷”几下，就剪出一幅图样。我抢过来看了，是一只顽皮的小兔子骑在一头温顺的老牛背上。我不解地问：“牛干啥驮着兔子？”

姥姥笑了：“谁让牛是兔子的姥姥呢？”

噢！姥姥生肖属牛，而我属兔。我嚷着还要。姥姥又剪出一幅：一头老牛和一只兔子在草地上啃食青草。姥姥问：“看明白了吗？”

我想了想说：“我知道了，是说我和姥姥在一个锅里吃饭呐！”

姥姥把我搂在怀里夸道：“机灵鬼！”

从那时候起，我总是缠着姥姥剪兔子和老牛——蹦跳的兔子，奔跑的兔子，睡觉的兔子；拉车的老牛，耕地的老牛……兔子总是在玩耍，老牛总是在干活儿。我摆弄着各式各样的窗花，对活泼的兔子与敦厚的老牛充满了好感。

我上学了，小学、中学、大学——越走越远了。但我还是不断收到姥姥寄来的剪纸，其中有一幅是这样的：一头老牛定定地站着，出神地望着一只欢蹦着远去的小兔子，连接它们的是一片开阔的草地。我知道，这是姥姥对我的期待。事实上，我不管走多远、走多久，梦中总不时映现家乡的窗花和村路两侧的四季田野。无论何时，无论何地，只要忆及那清清爽爽的剪纸声，我的心境与梦境就立刻变得有声有色。

【作者：笑源】

一、文章分析

1. 剪纸是作者和姥姥之间的感情寄托，姥姥用剪纸表达对作者的牵挂，作者深情回忆姥姥剪纸时的样子。回忆你和家人之间做过的事情，试着写一段你和家人之间的故事，表达你的思念之情。

2.“熟能生巧，总剪，手都有准头了！”结合你生活中的体验，说说对这句话的理解。

第九单元

DI JIU DAN YUAN

文╲章╲一

北京的春节

按照北京的老规矩，过农历的新年（春节），差不多在腊月的初旬就开头了。“腊七腊八，冻死寒鸦”，这是一年里最冷的时候。可是，到了严冬，不久便是春天，所以人们并不因为寒冷而减少过年与迎春的热情。在腊八那天，人家里，寺观里，都熬腊八粥。这种特制的粥是为祭祖祭神的。可是细一想，它倒是农业社会的一种自傲的表现——这种粥是用所有的各种的米，各种的豆，与各种的干果（杏仁、核桃仁、瓜子、荔枝肉、桂圆肉、莲子、花生米、葡萄干、菱角米……）熬成的。这不是粥，而是小型的农产展览会！

腊八这天还要泡腊八蒜。把蒜瓣在这天放到高醋里，封起来，为过年吃饺子用。到年底，蒜泡得色如翡翠，而醋也有了些辣味，色味双美，使人要多吃几个饺子。在北京，过年时，家家吃饺子。

从腊八起，铺户中就加紧地上年货，街上加多了货摊子——卖春联的，卖年画的，卖蜜供的，卖水仙花的等都是只在这一季节才会出现的。这些赶年的摊子都教儿童们的心跳得特别快一些。在胡同里，吆喝的声音也比平时更多更复杂起来，其中也有仅在腊月才出现的，像卖宪书的，松枝的，薏仁米的，年糕的，等等。

在有皇帝的时候，学童们到腊月十九日就不上学了，放年假一月。儿童们准备过年，差不多第一件事是买杂拌儿。这是用各种干果（花生、胶枣、榛子、栗子等）与蜜饯掺合成的，普通的带皮，高级的没有皮，例如：普通的用带皮的榛子，高级的就用榛仁儿。儿童们喜吃这些零七八碎儿，即使没有饺子吃，也必须买杂拌儿。他们的第二件大事是买爆竹，特别是男孩子们。恐怕第三件事才是买玩意儿——风筝、空竹、口琴等——和年画儿。

儿童们忙乱，大人们也紧张。他们须预备过年吃的使的喝的一切。他们也必须给儿童赶做新鞋新衣，好在新年时显出万象更新的气象。

二十三日过小年，差不多就是过新年的“彩排”。在旧社会里，这天晚上家家祭灶王，从一擦黑儿鞭炮就响起来，随着炮声把灶王的纸像焚化，美其名叫送灶王上天。在前几天，街上就多多少少有卖麦芽糖与江米糖的，糖形或为长方块，或为大小瓜形。按旧日的说法：用糖粘住灶王的嘴，他到了天上就不会向玉皇报告家庭中的坏事了。现在，还有卖糖的，但是只由大家享用，并不再粘灶王的嘴了。

过了二十三，大家就更忙起来，新年眨眼就到了啊。在除夕以前，家家必须把春联贴好，必须大扫除一次，名曰扫房，必须把肉、鸡、鱼、青菜、年糕什么的都预备充足，至少足够吃用一个星期的——按老习惯，铺户多数关五天门，到正月初六才开张。假若不预备下几天的吃食，临时不容易补充。还有，旧社会里的老妈妈论，讲究在除夕把一切该切出来的东西都切出来，省得在正月初一到初五再动刀，那时动刀剪是不吉利的。这含有迷信的意思，不过它也表现了我们确是爱和平的人，在一岁之首连切菜刀都不愿动一动。

除夕真热闹。家家赶做年菜，到处是酒肉的香味。老少男女都穿起新衣，门外贴好红红的对联，屋里贴好各色的年画，哪一家都灯火通宵，不许间断，炮声日夜不绝。在外边做事的人，除非万不得已，必定赶回家来，吃团圆饭、祭祖。这一夜，除了很

小的孩子，没有什么人睡觉，都要守岁。

元旦的光景与除夕截然不同：除夕，街上挤满了人；元旦，铺户都上着板子，门前堆着昨夜燃放的爆竹纸皮；全城都在休息。

男人们在午前就出动，到亲戚家、朋友家去拜年。女人们在家中接待客人。同时，城内城外有许多寺院开放，任人游览，小贩们在庙外摆摊、卖茶、食品和各种玩具。北城外的大钟寺，西城外的白云观，南城的火神庙（厂甸）是最有名的。可是，开庙最初的两三天，并不十分热闹，因为人们还正忙着彼此贺年，无暇及此。到了初五六，庙会开始风光起来，小孩们特别热心去逛，为的是到城外看看野景，可以骑毛驴，还能买到那些新年特有的玩具。白云观外的广场上有赛轿车赛马的；在老年间，据说还有赛骆驼的。这些比赛并不争取谁第一谁第二，而是在观众面前表演骡马与骑者的美好姿态与技能。

多数的铺户在初六开张，又放鞭炮，从天亮到清早，全城的炮声不绝。虽然开了张，可是除了卖吃食与其他重要日用品的铺子，大家并不很忙，铺中的伙计们还可以轮流着去逛庙、逛天桥和听戏。

元宵（汤圆）上市，新年的高潮到了——元宵节（从正月十三到十七）。除夕是热闹的，可是没有月光；元宵节呢，恰好是明月当空。元旦是体面的，家家门前贴着鲜红的春联，人人穿着新衣裳，可是它还不够美。元宵节，处处悬灯结彩，整条的大街像是办喜事，火炽而美丽。有名的老铺都要挂出几百盏灯来，有的一律是玻璃的，有的清一色是牛角的，有的都是纱灯；有的各形各色，有的通通彩绘全部红楼梦或水浒传故事。这，在当年，也就是一种广告：灯一悬起，任何人都可以进到铺中参观；晚间灯中都点上烛，观者就更多。这广告可不庸俗。干果店在灯节还要做一批杂拌儿生意，所以每每独出心裁地制成各样的冰灯，或用麦苗做成一两条碧绿的长龙，把顾客招来。

除了悬灯，广场上还放花盒。在城隍庙里还燃起火判，火舌由判官的泥像的口、耳、鼻、眼中伸吐出来。公园里放起天灯，像巨星似的飞到天空。

男男女女都出来踏月，看灯，看焰火；街上的人拥挤不动。在旧社会里，女人们轻易不出门，她们可以在灯节里得到些自由。

小孩子们买各种花炮燃放，即使不跑到街上去淘气，在家中也照样能有声有光地玩耍。家中也有灯：走马灯——原始的电影——宫灯，各形各色的纸灯，还有纱灯，里边有小铃，到时候就叮叮地响。大家还必须吃元宵呀。这的确是美好快乐的日子。

眨眼，到了残灯末庙，学生该去上学，大人又去照常做事，新年在正月十九结束了。

腊月和正月，在农村社会里正是大家最闲在的时候，而猪牛羊等也正长成，所以大家要杀猪宰羊，酬慰[①]一年的辛苦。过了灯节，天气转暖，大家就又去忙着干活了。北京虽是城市，可是它也跟着农村社会一齐过年，而且过得分外热闹。

在旧社会里，过年是与迷信分不开的。腊八粥，关东糖，除夕的饺子，都须先去供佛，而后人们再享用。除夕要接神；大年初二要祭财神，吃元宝汤（馄饨），而且有的人要到财神庙去借纸元宝，抢烧头股香。正月初八要给老人们顺星，祈寿。因此，那时候最大的一笔浪费是买香蜡纸马的钱。现在，大家都不迷信了，也就省下这笔开销，用到有用的地方去。特别值得提到的是现在的儿童只快活地过年，而不受那迷信的熏染，他们只有快乐，而没有恐惧——怕神怕鬼。也许，现在过年没有以前那么热闹了，可是多么清醒健康呢。以前，人们过年是托神鬼的庇佑；现在是大家劳动终岁，大家也应当快乐地过年。

【作者：老舍】

一、根据文章内容选择正确答案。（从 ABCD 中选择一个最佳答案）

1. 下面哪个选项不是儿童们准备过年做的事？（　）

   A. 放年假一月

   B. 买吃的一些零七八碎儿的杂拌儿

   C. 买爆竹

   D. 买各种玩意儿

2. 关于过小年，以下哪个说法正确？（　）

   A. 家家赶做年菜

   B. 祭祖祭神

   C. 过新年的“彩排”

   D. 熬腊八粥

3. 大年初二祭财神，要吃什么？（　）

   A. 腊八粥

   B. 饺子

① 酬慰（chóu wèi）：用金钱安慰。

C. 关东糖

D. 元宝汤

4. 根据文章内容，下面关于过年的说法哪个不是文章所描述的？（ ）

A. 腊月就开始准备过年了

B. 春节那天开庙就十分热闹

C. 有的店铺在元宵节悬灯结彩打广告，吸引人气

D. 新年在正月十九结束了

二、文章分析

1. 在文章中，作者详细描述了腊八粥的制作材料，为什么说“这不是粥，而是小型的农业展览会”呢？

3. 作者在文章中详细描述了热闹的除夕，请找出都有哪些细节，并说明这样写的用意。

文╲章╲二

又是一年元宵节

老家有句老话说：不过十五还是年，想来是要让这正月十五来唱年节的压轴戏吧。小孩子们大都爱着元宵节，记得小时候从初一就开始盼望，兜里那屈指可数的压岁钱总被捂得热乎乎的，男孩们算计着买多少鞭炮、烟花，女孩们计算着那些漂亮的小灯笼、小手花。等着人们初一拜过年，初二走过娘家，初五送走了火神，十三过了杨公忌，再过一天就十五了！

元宵节是要吃汤圆的，小时候老家也管“汤圆”叫“元宵”，一大早妈妈们就开始做“元宵”。芯子有好几种，有花生馅的，有芝麻馅的，把芝麻或花生磨成粉，拌了猪油、白绵糖，揉成团晾凉。过了箩的糯米面，用温水和成不软不硬的面团，搓成长条，切成小小的剂子，用大拇指攒[①]出一个窝来，揪一小团馅心摁进糯米窝里，然后把糯米团的开口慢慢团着收起来，再在手心里搓上几个滚，一个个溜光滚圆的汤圆就好了。锅上坐了水，待水咕嘟咕嘟冒起泡了，将一盘子白球下进去，水开几个滚，眼见着小球又胖了一圈，隐隐地能看见里面莹亮的芯子。妈妈给我们盛汤圆时总会是双数，或四或六或八，说是吉利，又一再嘱咐我们吃这元宵时不能吵架、打闹，吃完了在家安静待一阵子才准许出门。想来是因为糯米黏性大不易消化，怕积了食。如今家里不再麻烦着自己做汤圆了，最喜那种黑芝麻汤圆，在锅里煮上几个滚，盛在翠绿的小碗里，捞一个吹一吹，咬开

① 攒（cuán）：凑集，聚拢。

一个小口，闻着那软糯香甜的芝麻香，就想起那个广告来：科迪汤圆，团团圆圆。儿时吃元宵的香浓记忆便款款重回，原来，团圆的味道是香甜的。

小时候老家还会在元宵节做面灯、刻萝卜灯什么的，面灯是用粗面做的，大都捏成蛇或者刺猬或者南瓜、苹果等形状，动物的眼睛安上绿豆或者红豆，再把背上用剪刀剪出许多的夸张尖刺，最后还要在中间的地方团出一个深深的窝，再放到蒸笼里蒸熟。等把它们凉透了，才往那些小面窝里倒上油，再用棉线做上一根稔子，小心地端着摆放到堂屋的条案上或者箱子上、柜子上、粮囤上。粮囤上总是要放一条盘着的蛇，十五一过，其他地方的面灯都被分吃了，单单把粮囤的这个面蛇留着，还要仔细地把它放进粮囤去，说是让它守囤呢，得到二月二龙抬头的那一天才端出来，祝祷一回再蒸软了家人分吃。萝卜呢，从温暖的地窖子里刨出来，水嫩青翠的，要选那种粗且顺直的，横着剁成几段，中间抠出一个深坑来，也是倒上油，放上棉线的稔子，放到堂屋、厢房、厨房、厕所、鸡窝、羊圈、猪栏等地方的门口，大门口的石台子上更是要放两个大个儿的萝卜灯。家里有去世的老人，还要往老人的坟上去送灯。天刚一擦黑，就各处都点上灯了，微微起一点风，那灯光便非常张致地开始颤，却又并不熄灭。于是，到处便都弥漫起了一股油香和那颤悠悠的暖意。想来，这一刻，时光的影子是最清晰的了。

那时候，每到十五，热闹总是先从城郊开始起来，周边村子一些草台班子早将闲了一年的服装家什拿出来排演过好几回，舞狮、跑龙、踩高跷的，后面还跟着跑旱船和扭秧歌的，单单要赶在正月十五的大清早敲锣打鼓地各处转去，一张张扑粉抹彩、古今结合的脸，穿红着绿、土洋搭配的装扮，伴随着锣鼓点儿生生就把元宵节给鼓捣得热闹起来。

元宵节的重头戏还在晚上，那便是看灯会和放焰火。有一年，爸爸他们单位计划着自己做灯笼，于是便让我翻找那些小人书，执意要找到一个气势不凡的龙头图样，由巧手的爸爸用木头雕刻出四个龙头，来做那灯笼的四角装饰。元宵节的中午刚过，灯光球场上便挂满了灯笼，五花八门、千姿百态，好像春日里盛开的百花园。灯笼下面还挂着灯谜，大人们便要在灯笼下停留，并凝思上半天。孩子们负责去传答案，对了的，兴高采烈地捧着奖品飞跑回来，错了的，只远远地摆摆手，自己就闪到一边玩去了。最激动人心的还是晚上的放焰火，那真的是万人空巷，不但小广场上满是人，广场边的树上也蹲满了半大小子，远远近近的楼顶上也都是人。照例地，有人先用绳子圈出一片空地来，一排一排地摆上烟花。最前面排的是响雷一样的炮仗，其次是贴地排花，然后是二踢脚、钻天猴、旋花，最后才是能起到高空的礼花。当那第一声礼炮一样的炮仗响起时，欢呼声沸腾。在响成一片的炮仗声里，排花灿然开放，那花喷出来也就一米多高，恰如“火树银花”，美艳不可方物。随着一个个二踢脚窜上天，小蜜蜂、小蝴蝶等小旋花吱吱地转着圈满场飞旋，偶尔有一两个竟钻到人群里去，引来一片哄笑。孩子们开始点燃手里的小手花，“嗞嗞嗞”的线一样的闪亮，空气里弥漫出烟火气息。这时，一支猎猎作响的长花飞上天空，在天上停顿两秒，然后优雅地转身，哗然地喷溅出漫天星星，有的红，有的黄，有的绿，边闪边落，慢慢地就熄灭了。当大家一口气松到一半的时候，突然又有一支长花直冲入天，哗然又洒下漫天星星，如最绚丽的孔雀开屏，令人瞠目结舌。大家大张着嘴惊呼出声，又下意识伸手去捂嘴，生怕那星星掉进了嘴里去。接二连三的，长花飞入夜空，那墨底子上光彩夺目的烟花就如神仙妙手点化的仙景，如梦如幻。那一刻，真觉得“手可摘星辰”可以实现了，但伸出手，只能眼睁睁看着梦境消失在眼前。

总是要看着那些烟花的光亮全部没入夜的怀里，再无回旋的余地，四周的灯光也开始变得无精打彩，才开始慢慢地往家走。踩着袅袅的烟花味道，让那停驻心底的漫天光华去点亮新一年的好心情，告别年节，开始将下一个元宵节望盼。

【作者：冯潇】

一、文章分析

1. 请结合你的理解谈一谈“儿时吃元宵的香浓记忆便款款重回，原来，团圆的味道是香甜的”。

2. “随着一个个二踢脚窜上天”，这里为什么用“一个个”不用“一个”？

3. 请你结合文章简要概括一下元宵节的活动有哪些。

文／章／三

端午艾香岁月长

宋代有无名词人作《阮郎归》："门儿高挂艾人儿，鹅儿粉扑儿。结儿缀着小符儿，蛇儿百索儿。纱帕子，玉环儿，孩儿画扇儿。奴儿自是豆娘儿，今朝正及时。"咏的是端午，词句清新质朴，几乎句句涉及节俗之物，可亲可爱。

在古人的观念中，五月是恶月，夏至阴气萌作，万物不成。初五是五月的第一个午日，在这个登高顺阳之日，遏制邪气入侵自然是节俗中最重要的事。记得年幼时，端午节前夕，大人总会把一把艾草挂在门前，说是可以避邪。古代不同于今日，驱邪时要将艾草扎成小人的形状挂在门前，谓之"艾人儿"。女子鬓[①]边钗头缀着彩色缯帛剪成的小符，亦有人佩戴蜈蚣、蝎子、蛇、蟾蜍（chán chú）、壁虎之类的"五毒"图饰。

百索也是端午习俗之一种。自汉代始，时人以红丝彩帛连以桃印，文饰门户，称为朱索。至宋，装饰门户的朱索变成了系在手臂上的五色丝，称为百索。五色丝结纽而成，编织成各种形状，日月星辰、飞鸟走兽，佩戴于臂上或胸前，古人认为不仅可以驱邪，还有延年益寿之功。

古人过端午节，并非只在五月初五那一日。农历五月初一至端午前一日，街头四处有人叫卖鲜桃、柳枝、葵花与佛道艾等节物。端午那日，家家户户都把这些东西与粽子、五色水团、茶酒等置于门前，用以供奉神灵。端午时节，需置办的东西很多，不光有粽子、百索、艾草，还有银样鼓儿

① 鬓（bìn）：面颊两边靠近耳朵前面的地方。

和花花巧画扇。粽子自然是必不可少的吃食，用竹叶或是苇叶包糯米，馅荤素皆可。古代粽子品味繁多，肉粽、蜜饯粽均屡见不鲜，不像今人吃粽子，有咸甜二党之争。“时于粽里见杨梅”，文豪苏轼还品尝过杨梅粽，特意写诗记之，想来必是风味独特。

不独粽子，别的香糖果子也讲究。据《岁时杂记》记载，汴京人买来菖蒲、生姜、杏子、青梅、李子与紫苏等，切成丝后入盐曝干，称之为“百草头”。也有人酿梅子，以蜜糖渍②之，纳梅皮中，称之为“酿梅”。古人也喜食木瓜，此木瓜非今日常见的橙红多籽的番木瓜，而是我国原产的蔷薇科果实，暗黄色，味芬芳，将之切丝，佐以香药，制好后用梅红匣子盛着，也是端午果子之一种。

菖蒲酒属节庆之酒。菖蒲这种香草，历来为古人所喜爱。早在南北朝，楚人已知如何制菖蒲酒。《荆楚岁时记》曰：“五月五日，以菖蒲或镂或屑以泛酒。”至后世，端午饮菖蒲酒已为固定节俗。五月榴花红似火，菖蒲酒新酿，“纵饮何妨入醉乡”。

端午这一日，古人要以兰草汤沐浴去污，汉代《大戴礼记》中记“午日以兰汤沐浴”，因此端午节也称“浴兰节”。至于今日随处可见的划龙舟，早于南北朝之前便已成端午节俗，南朝人宗懔说，此举是为了纪念屈原。某年端午，苏轼在岸边见人划龙舟、投食江中，不禁感慨，“屈原已死今千载，满船哀唱似当年”。当年江边长吟的苏轼一定不知道，九百多年后，他的诗文也成为端午文化的一部分，让后人知晓古代中国的节物风流。肉身易朽，而精神永存。端午节沉淀着源远流长的历史记忆，今天的我们，从节俗中窥知先民的精神世界，延续着民族的文化基因。

【作者：司聃】

一、文章分析

1. 文章中有词作《阮郎归》，你还知道哪些描写端午节的诗词？

2. 你知道端午节的来源吗？请简要概括。

3. “端午节沉淀着源远流长的历史记忆，今天的我们，从节俗中窥知先民的精神世界，延续着民族的文化基因。”对于这句话，你是怎么理解的？

② 渍（zì）：浸，沤。

文╲章╲四

月到中秋

又是一年中秋时节。

窗外月光如泻，给大地披上了一层迷人的薄纱，显得宁静而又安详。天上明月如盘，一如我小时候看到的模样。

天渐渐黑下来。牛和羊都陆续从田间牵回村子，苦累的庄稼人今天比往常早一些收工了。漫长的秋收时节，人们起早贪黑的，收了水稻掰玉米，种完芝麻种黄豆，砍过红麻刨红薯。农活一件接着一件来，真难得歇一口气儿。秋收大忙时节，每家的壮劳力没日没夜地干活，像是在偿还自己祖祖辈辈还没有还完的债。

月亮出来了，是一轮满月。在蓝色的天空和白色的云彩里面，慢慢地移动。月到中秋，家家的喜气都从大人小孩儿的心眼里冒出来。每一家都忙着做饭了，屋顶的炊烟在明亮的月光下白白的，在空中弥漫。村庄开始热闹起来，不时可以听到孩子们的嬉戏声，谁家的收音机里还播放着刘兰芳说的评书《岳飞传》。

一家一户的人们都围在晚饭桌旁边。尽管物质条件比较差，但是到了中秋，还是要讲个排场。红烧猪肉端上来了，厚厚的长条形，上面用褐色色素和调味品打点，油腻腻的、喷喷香，比现在的猪肉要香上许多。自家养的小公鸡也端上来了，接着，乡下的土菜如四季豆啦、洋葱啦、豆芽儿啦、咸鸭蛋啦，也都陆续上齐了。中秋是乡村的“美食节”，满满一桌子，真是寻常难得吃到的美味！除非家里来了稀客，平时绝不会是这么丰盛的。

主妇从厨房里出来，洗脸洗手然后入座，全家人算是坐齐了。男劳动力举起酒杯美美地品着，孩子们则急忙伸筷，埋头大嚼，一饱口福。狗儿乖巧地趴在桌子底下，专注地啃骨头。喝酒的人耳根开始发热，菜也吃得差不多了，白米饭一碗接一碗地端上桌子。这时候如果有谁走在小村里，就会闻到整个村子到处都是新稻米和红烧肉的香味儿。

快吃完晚饭的时候，有的小孩也已溜下饭桌，呼朋引伴，背着大人悄悄地潜伏到谁家的菜地里去了。以往他们听大人说，八月半的晚上，端一盆水放在菜地里的豆架或辣椒架下，耳朵贴在水面上，侧耳倾听，准能听到月宫里面嫦娥和玉兔的悄悄话儿呢！在娃娃们的世界里，充满了对这个美好传说的无限向往。他们叽叽喳喳地挤在菜架子底下，眼睛盯着刚刚端出来的半盆水，屏住了呼吸。领头的孩子先把耳朵贴到水面，好像并没有听到什么。别的孩子也一个接一个换着听，还是没有抬头看看天空中，月亮似乎比黄昏时更高、更圆了，仔细看去，月亮里面影影绰绰的，好像是吴刚在砍桂花树。失望写在一张张稚嫩的脸上。有个捣蛋包乘别的孩子不备，呼哨一声："听，有声音了！"话音未落，一抬手，"哗啦"一声，把半盆水就掀翻到菜园里。大家嬉笑着、骂着，一哄而散，把菜园子踩个乱七八糟。

月亮已经升到高空，蓝白色的天空比平时更显得高远。村里村外吃过饭的大人们，三五成群地聚在一起聊天，"相见无杂言，但道桑麻长"。大家围坐在院子里，各自品评着谁家的红麻长得旺势，谁家的水稻又遭了虫灾。有的三三两两走出村子，到庄稼地里去散散步，也散散心。凉风习习，寒蛩（qióng）等秋虫在愉悦地鸣叫着。白雾茫茫，露水已经打湿了每一片庄稼的油绿的叶子。早种的芝麻正在忙着开花，洁白的花朵垂着青露。仔细倾听，能够听到清脆的"啪嗒""啪嗒"的露珠落地的声音，更显得几分静谧。

月色如水，村口张家李家，家家都把月饼拿出来一块儿品尝。每家都是那种大约半斤重的老式月饼，厚厚的、圆圆的、黄澄澄的浸润着油彩。掰开来，红色的、绿色的甜丝，无色的冰糖，黄色花生瓣儿，都露出来，让人真想立刻咬上一大口。孩子们围着大人撺掇[①]起来，大人们假装呵斥孩子，一边教育孩子要尊敬老人的道理，一边先掰开一半儿递到老人手里。孩子们有心无心地听着，分得一半块，只顾欢天喜地地跳跃着、品尝着。老人们用所剩无几的牙齿咀嚼着香喷喷的月饼，阅尽沧桑的脸上写满一生的幸福。“但愿人长久，千里共婵娟”，不知他们是不是也在思念远方的亲人，祝愿亲人们此时此刻也能够和家人团聚，共享天伦，能够一起赏月，共度良宵！

夜已深沉，月儿更明。朴实的庄稼汉们带着明天的希望，把一个快乐的中秋带回自家小院，带入梦乡。

【作者：一竿烟雨】

一、文章分析

1. 文章主要写了中秋夜哪四个场景，表达了作者怎样的思想感情？

2. 中秋可以说是一个庆祝丰收的季节，你们国家有没有类似的节日？请简要概括。

3. 结尾说“朴实的庄稼汉们带着明天的希望，把一个快乐的中秋带回自家小院，带入梦乡”，联系全文内容，说说庄稼汉们的希望是什么。

① 撺掇（cuān duo）：从旁鼓动人（做某事）。

第十单元

文章一　故乡的婚礼

文章二　“跪拜礼”的起源和消亡

文章三　端午的鸭蛋

文章四　五猖会

DI　SHI　DAN　YUAN

文╲章╲一

故乡的婚礼

我故乡风俗淳厚，生活简朴。只有在结婚典礼上，仪式的隆重，排场的讲究，真是和过新年一般无二。无论穷家富户，平时省吃俭用，遇到嫁女儿，娶儿媳妇，那就有多少，花多少，一点也不心疼。

嫁女儿当晚的酒席，称作“请辞嫁”，是做女儿的在娘家吃的最后一顿饭，所以酒菜非常丰富，而且有一道菜必定是母亲亲手做的。事实上，乡下人家的饭菜，都是母亲做的，只是办喜事的日子，忙不过来，才请短工帮忙。做母亲的为女儿做这道菜，一边抹眼泪，一边嘴里念念有辞，说的都是“早生贵子”“五世其昌”等吉利话。最后把一对用红绿丝线扎的生花生和几粒红枣、桂圆放在盘边，祝福女儿早生贵子。做着做着，一滴滴泪珠儿都落在那碟菜里，真是咸咸甜甜。做女儿的，还没吃到嘴里，泪珠儿也滴落下来了。在那个时代，我故乡的女孩子，十六、十七岁就是出嫁的年龄，离开母亲，到一个陌生人家对一个陌生妇人喊妈妈，当然是非常伤心，也非常害怕的，所以母女二人的眼泪就流个没完。有支歌儿是这样唱的：“妈妈呀，今夜和你共被单，明天和你隔重山。左条岭，右条岭，条条山岭透天顶哟。妈妈呀，娘边的女儿骨边的肉，您怎么舍得这块肉啊！”

新娘子打扮定当，被伴娘扶到喜筵的首席上。这一晚，她是贵宾，父母都得坐在两旁次席相陪。伴娘坐在新娘旁边，每上一道菜，伴娘都得高唱：“请吹打先生奏乐。新娘举筷啦！”举酒杯时也一样要喊。其实新娘心里悲悲切切，根本吃不下。快乐的是满桌的少女陪客，真是得吃得喝。

尤其快乐的是伴娘，她从缎袄里取出个大口袋，把所有不带汤汤卤卤的菜全装进去，带回家可以吃好几天了。我家乡酒席最讲究的是八盘八，其次是八盘五。四周八样冷盘，四角是山楂糕、炀熟的虾或蛤子、剥开的桔子、油炸甜点心，另四样是白切肉、猪肝、鳗鱼鲞、笋片，中间八道或五道熟菜，最后一道一定是莲子红枣汤。家家如此，千篇一律，却是百吃不厌。客人们埋头吃菜，新娘子低头淌眼泪。伴娘说这叫做“多子多孙的风流泪”，是一定得流的。

辞嫁时，新娘穿的不是凤冠霞帔，而是像戏台上演貂蝉、红娘那种打扮，因为那是少女装。一嫁到夫家，脱下凤冠霞帔以后，就得穿短袄长裙的少妇装了。

新娘上花轿由弟弟妹妹或子侄扶进轿门。花轿一出大门，立刻把大门关上，要把风水关住，不要让新娘带走。妈妈再疼女儿，风水门仍旧不能不关。这真是：“嫁出去的女儿，泼出去的水。”

娶儿媳妇的喜宴叫做“坐筵”。一坐起码两小时，这是为了训练新娘子的忍耐心。花轿进了门，先在大厅里停上足足一小时，堂上高烧起红烛。然后新郎才开始理发、洗澡、换新衣。让新娘闷在花轿中苦等，也是为了训练她的忍耐心。这段时间，孩子们都纷纷从花轿缝中伸手进去向新娘讨喜果，新娘的喜果必须准备得很丰富，给的时候，红枣、桂圆，每样起码得有一粒，否则人家就会讥讽[①]新娘“小气鬼”。

坐筵的酒席也非常丰富，被请作“坐筵”客的一半是长辈，一半是年轻姑娘，姑娘必须长得十分标致。年龄十五六岁左右，已经订了亲，在半年内就要做新娘的最合适。我当时才十一二岁，长得明明是个塌鼻子斗鸡眼的丑小鸭，但因为是妈妈的独生女，她每次总是带我同去作“坐筵”席上的小贵宾。

我看其他姑娘们穿的是最时髦的五彩闪花缎（在当年，闪花缎是一种最名贵的缎）。乌亮的辫子，扎上两寸长嵌金银丝的桃红或绿水丝线。有的两耳边盘两个髻，戴上珠翠，衣扣缀的是小电珠泡，电池放在口袋里，用手控制，一闪一闪的，看得我好羡慕。因为我的妈妈非常俭省，给我穿的是一件不发光的紫红铁机缎单罩袍，不镶不滚，那是她的嫁衣改的，改得又长又大，套在旧棉袍外面，像苍蝇套在豆壳儿里，硕帮帮稀里晃浪的，看去就是个十足的傻丫头。妈妈还说：“铁机缎坚实。软趴趴的闪花缎哪比得上呢？”另外，妈妈又给我戴上一顶紫红色法兰西绒帽，是爸爸托人从北平带回来的。妈妈得意地说：“刚好配上，再漂亮也没有了。”可是我没有闪光的丝带扎辫子，胸前没有珠花。我说法兰西帽子应当歪戴，妈妈说歪戴帽子不像个大家闺秀，要我把

① 讥讽 [jī fěng]：用旁敲侧击或尖刻的话指责或嘲笑对方的错误、缺点或某种表现。

帽子端端正正顶在头上，我心里好委屈。可是无论如何，能够有资格“坐筵”，总是体面的。

在坐筵席上，新娘是不能动筷子的，说实在话，新娘刚刚到一个陌生家庭，眼泪得忍着，不能像在娘家时可以撒开地流，哪里还吃得下东西呢。陪新娘的姑娘们也不能多吃，尤其是两三个月内就要做新娘的，更得做出斯斯文文的样子，以免婆家亲友看了笑话。

拜堂当然也是一项重要节目，新郎新娘拜完天地、祖先、公婆以后，就要拜见长亲、宾客。一位位被司仪请了上去，新人双双跪拜，平辈的就是鞠躬。这个拜见礼，也足足要折腾上两个小时。大厅外天井里热着柴火，愈旺愈好。鞭炮声此起彼落。礼堂上是雪亮如白昼的煤气灯。乐队不断地吹打各种喜乐。每个人脸上都笑得跟盛开的牡丹花似的，到处喜气洋洋。

父亲从北平回来以后，给我带回一件白缎绣紫红梅花的长旗袍。我穿了去参加喜宴，每个人的眼光都向我投来，我心里好得意。直到如今，我仍不胜怀念那件软缎的梅花旗袍，但我更怀念母亲用嫁衣改的紫红铁机缎罩袍和那顶法兰西帽子。因为，那套行头，正象征我又憨又傻的童年，尤足以纪念节俭简朴的母亲。

【作者：琦君】

一、根据文章内容选择正确答案。（从 ABCD 中选择一个最佳答案）

1. 关于“请辞嫁”，以下哪个说法不正确？（　　）

A. 女儿在娘家吃的最后一顿饭

B. 酒菜都为母亲亲手做的

C. 娶儿媳妇的喜宴

D. 嫁女儿当晚的酒席

2. 以下哪一项不是文中所提及的婚礼活动？（　　）

A. 坐筵

B. 拜堂

C. 辞嫁

D. 请亲

3. 关于“坐筵”的说法正确的是（　）

A. 请作“坐筵”客的大半是长辈

B. 嫁女儿当晚的酒席

C. 只要年龄十五六岁左右的姑娘最合适请作“坐筵”客

D. 在坐筵席上，陪新娘的姑娘们也不能多吃

二、文章分析

1. 文章详细描写了嫁女儿当晚的酒席和娶儿媳妇的喜宴，请简要概括二者的区别，并说明这样写的用意。

2. 你觉得文中展示的故乡的婚礼习俗有哪些不合理的地方？

3. 谈谈你身边的婚俗。

文╲章╲二

“跪拜礼”的起源和消亡

原始社会中，人们常常有意无意地用一些象征性动作，来表示他们的意向、感情 。这些动作，有的后来成为社会生活的习惯，并常常被用作维护社会秩序、巩固社会组织和加强部落之间联系的手段。进入阶级社会以后，统治阶级利用其中某些习惯，加以改变和发展，逐渐形成各种正规的“礼”。“礼”成了巩固统治阶级内部组织和对民众进行统治的一种手段。

“跪拜礼”是中国社会中使用年代最长、最频繁的一种基本礼节。

人类在刚刚能直立行走时，他们的行走姿势大约跟现在动物园中猩猩单用后肢行走时的姿势差不多，弯腰曲背、身体前倾、步履蹒跚[①]，前肢下垂，离地面很近。以这种姿势行走的人们，当他们站定表示友好或敬意时，前肢着地、后肢弯曲就是很自然的了。人类的先祖在静止时比行走时更不易保持直立，这一点，在近代力学中是找得到原理的。已经能直立行走的人类，做出的后肢弯曲、前肢着地的姿势，就是跪拜礼的雏形。

进入阶级社会初期，人们尚不知桌椅为何物，帝王平民皆席地而坐，所谓“两膝著地，以尻[②]著膻而安者为坐”。这种坐姿，对于行跪拜礼是很方便的。所谓“伸腰及股而势危者为跪，因跪而益至其恭，以头著地为拜”。以跪拜作为一种礼节，自然而然地得以延续和巩固。这种情景，我们在现在的日本“榻榻篾（miè）”上还能看到。日本民族在榻榻篾上“两膝著地，

---

① 蹒跚（pán shān）：腿脚不灵便，走起路来摇摇摆摆。

② 尻（kāo）：屁股，脊骨的末端。

以尻著腫而稍安”为坐。当坐在榻榻箋上的日本人要表示敬意而牵动身体时，他们“伸腰及股而势危”，“以头著地”，很自然地构成了一个跪拜动作。

随着奴隶主阶级、封建地主阶级的等级制度日益森严，经统治阶级改变和发展的各种礼仪礼节也日益繁杂化、规范化、经典化。仅跪拜礼一节，就被分为“稽首”“顿首”“空首”“振动”“吉拜”“凶拜”“奇拜”“褒拜”“膜拜”等格式，各种不同等级、不同身份的社会成员，以及在各种不同的场合，所规定使用的跪拜礼都是不同的，它起到了维护、巩固统治阶级内部等级关系的作用，起到了对人民加强其阶级统治的作用。例如，“稽首”，是最隆重的跪拜礼，属于“臣拜君之礼”；地位相等的人们之间通用“顿首”；而“吉拜”则属于“常祭之礼”；等等。

当人们发明使用桌椅之后，跪拜礼已显得十分不便，似乎需要对它进行改革了。封建统治阶级也的确是根据其阶级利益，不断地在对各种礼仪进行改革兴废。例如，清道光二十三年（1843），清政府内外交困，财政危机，为了节约经费充实粮饷，明令废止了沿用三千年之久的“乡饮酒礼”。跪拜礼虽然有种种不便，但由于它有助于封建等级制的维护和巩固，有助于封建统治，对封建统治者有利无弊，所以，直到辛亥革命前的几千年间，它一直被历代统治者采用而无多大改变。只是到了乾隆年间，中国式跪拜礼受到了一次挑战，英国外交使节到北京谒见中国皇帝，他不愿意向清皇行中国式跪拜礼，经过一番交涉，乾隆皇帝同意接受英国使者的西洋式单腿跪拜礼。

“跪拜”，从原始社会中人们互相致意的姿势，到阶级社会演变成了一种表示臣服的礼节，“拜，服也；稽首，服之甚也”。行跪拜礼的，总是臣服者、卑贱者。跪拜礼被掺入了一种人格侮辱的成分，并日见其明显，以至“卑躬屈膝”一词成了损人尊严的贬义词。人民对这种礼节，从习惯到厌恶，从厌恶到反对，乃至提出改革的主张，也就是必然的了。

清末，四川民间传说太平天国翼王石达开从来不许人向他行跪拜礼，也教育百姓不要向任何人跪拜。石达开是否有过这种主张，我们现在不得而知，但这个民间传说本身，体现了中国人民反对跪拜礼的意愿。

辛亥革命打倒了皇帝，西方资产阶级平等思想在中国大传播。有辱人格，维护封建制度的跪拜礼之取消，已势在必行。

正式废除跪拜礼节，这是辛亥革命的一大功绩。然而中国封建社会历史久长，封建毒素至今不能说已被完全肃清。作为封建阶级的礼节，跪拜礼也尚未绝迹。不过，它现在主要使用于对偶像、亡灵的礼拜，而不是用于活人了。至于近现代作为一种惩罚的跪拜，则不能看作是一种礼节。但是，从中可以看到人们心目中对跪拜的厌恶。

作为一种社交礼节，跪拜已完成了它的历史使命。只是作为一块青记，它还残留在现代社会的臀部。它的最终消失，有待于人们物质生活和文化生活的进一步丰富提高。

【作者：姚荣涛】

一、文章分析

1.“作为一种社交礼节，跪拜已完成了它的历史使命。只是作为一块青记，它还残留在现代社会的臀部。”你怎样理解这句话？

2. 你的家乡有哪些社交礼节？试分析这些礼节的意义，并跟中国的礼仪做一个比较。

文╲章╲三

端午的鸭蛋

家乡的端午，很多风俗和外地一样。系百索子。五色的丝线拧成小绳，系在手腕上。丝线是掉色的，洗脸时沾了水，手腕上就印得红一道绿一道的。做香角子。丝丝缠成小粽子，里头装了香面，一个一个串起来，挂在帐钩上。贴五毒。红纸剪成五毒，贴在门槛上。贴符。这符是城隍庙送来的。城隍庙的老道士还是我的寄名干爹，他每年端午节前就派小道士送符来，还有两把小纸扇。符送来了，就贴在堂屋的门楣[①]上。一尺来长的黄色、蓝色的纸条，上面用朱笔画些莫名其妙的道道，这就能辟邪么？喝雄黄酒。用酒和的雄黄在孩子的额头上画一个王字，这是很多地方都有的。有一个风俗不知别处有不：放黄烟子。黄烟子是大小如北方的麻雷子的炮仗，只是里面灌的不是硝药，而是雄黄。点着后不响，只是冒出一股黄烟，能冒好一会。把点着的黄烟子丢在橱柜下面，说是可以熏五毒。小孩子点了黄烟子，常把它的一头抵在板壁上写虎字。写黄烟虎字笔画不能断，所以我们那里的孩子都会写草书的“一笔虎”。还有一个风俗，是端午节的午饭要吃“十二红”，就是十二道红颜色的菜。十二红里我只记得有炒红苋菜、油爆虾、咸鸭蛋，其余的都记不清，数不出了。也许十二红只是一个名目，不一定真凑足十二样。不过午饭的菜都是红的，这一点是我没有记错的，而且，苋菜、虾、鸭蛋，一定是有的。这三样，在我的家乡，都不贵，多

① 门楣（mén méi）：门框上部的横梁。

数人家是吃得起的。

我的家乡是水乡，出鸭。高邮大麻鸭是著名的鸭种。鸭多，鸭蛋也多。高邮人也善于腌鸭蛋。高邮咸鸭蛋于是出了名。我在苏南、浙江，每逢有人问起我的籍贯，回答之后，对方就会肃然起敬："哦！你们那里出咸鸭蛋！"上海的卖腌腊的店铺里也卖咸鸭蛋，必用纸条特别标明"高邮咸蛋"。高邮还出双黄鸭蛋。别处鸭蛋也偶有双黄的，但不如高邮的多，可以成批输出。双黄鸭蛋味道其实无特别处，还不就是个鸭蛋！只是切开之后，里面圆圆的两个黄，使人惊奇不已。我对异乡人称道高邮鸭蛋，是不大高兴的，好像我们那穷地方就出鸭蛋似的！不过高邮的咸鸭蛋，确实是好，我走的地方不少，所食鸭蛋多矣，但和我家乡的完全不能相比！曾经沧海难为水，他乡咸鸭蛋，我实在瞧不上。袁枚的《随园食单·小菜单》有"腌蛋"一条。袁子才这个人我不喜欢，他的《食单》好些菜的做法是听来的，他自己并不会做菜。但是《腌蛋》这一条我看后却觉得很亲切，而且"与有荣焉"。文不长，录如下：

腌蛋以高邮为佳，颜色细而油多，高文端公最喜食之。席间，先夹取以敬客，放盘中。总宜切开带壳，黄白兼用；不可存黄去白，使味不全，油亦走散。

高邮咸蛋的特点是质细而油多。蛋白柔嫩，不似别处的发干、发粉，入口如嚼石灰。

油多尤为别处所不及。鸭蛋的吃法，如袁子才所说，带壳切开，是一种，那是席间待客的办法。平常食用，一般都是敲破“空头”用筷子挖着吃。筷子头一扎下去，吱——红油就冒出来了。高邮咸蛋的黄是通红的。苏北有一道名菜，叫做“朱砂豆腐”，就是用高邮鸭蛋黄炒的豆腐。我在北京吃的咸鸭蛋，蛋黄是浅黄色的，这叫什么咸鸭蛋呢！

端午节，我们那里的孩子兴挂“鸭蛋络子”。头一天，就由姑姑或姐姐用彩色丝线打好了络子[②]。端午一早，鸭蛋煮熟了，由孩子自己去挑一个，鸭蛋有什么可挑的呢？有！一要挑淡青壳的。鸭蛋壳有白的和淡青的两种。二要挑形状好看的。别说鸭蛋都是一样的，细看却不同。有的样子蠢，有的秀气。挑好了，装在络子里，挂在大襟的纽扣上。这有什么好看呢？然而它是孩子心爱的饰物。鸭蛋络子挂了多半天，什么时候孩子一高兴，就把络子里的鸭蛋掏出来，吃了。端午的鸭蛋，新腌不久，只有一点淡淡的咸味，白嘴吃也可以。

孩子吃鸭蛋是很小心的。除了敲去空头，不把蛋壳碰破。蛋黄蛋白吃光了，用清水把鸭蛋壳里面洗净，晚上捉了萤火虫来，装在蛋壳里，空头的地方糊一层薄罗。萤火虫在鸭蛋壳里一闪一闪地亮，好看极了！

小时读囊萤映雪故事，觉得东晋的车胤用练囊盛了几十只萤火虫，照了读书，还不如用鸭蛋壳来装萤火虫。不过用萤火虫照亮来读书，而且一夜读到天亮，这能行么？车胤读的是手写的卷子，字大，若是读现在的新五号字，大概是不行的。

【作者：汪曾祺】

一、文章分析

1. 作者描写了端午节的哪些风俗？

2. 作者为什么对家乡的咸鸭蛋久久不能忘怀？

3. “筷子头一扎下去，吱——红油就冒出来了”一句中，“吱”字可以去掉吗？为什么？

② 络子（lào zi）：1. 线绳编成的小网袋，可以装物；2. 绕丝、绕纱的器具。

五猖会

孩子们所盼望的，过年过节之外，大概要数迎神赛会的时候了。但我家的所在很偏僻，待到赛会的行列经过时，一定已在下午，仪仗之类，也减而又减，所剩的极其寥寥①。往往伸着颈子等候多时，却只见十几个人抬着一个金脸或蓝脸红脸的神像匆匆地跑过去。于是，就完了。我常存着这样的一个希望：这一次所见的赛会，比前一次繁盛些。可是结果总是一个“差不多”；也总是只留下一个纪念品，就是当神像还未抬过之前，花一文钱买下的，用一点烂泥，一点颜色纸，一枝竹签和两三只鸡毛所做的，吹起来会发出一种刺耳的声音的哨子，叫作“吹都都”的，吡吡②地吹它两三天。

现在看看《陶庵梦忆》，觉得那时的赛会，真是豪奢极了，虽然明人的文章，只怕难免有些夸大。因为祷雨而迎龙王，现在也还有的，但办法却已经很简单，不过是十多人盘旋着一条龙，以及村童们扮些海鬼。那时却还要扮故事，而且实在奇葩得可观。他记扮《水浒传》中人物云：“……于是分头四出，寻黑矮汉，寻稍长大汉，寻头陀，寻胖大和尚，寻茁壮妇人，寻姣长妇人，寻青面，寻歪头，寻赤须，寻美髯，寻黑大汉，寻赤脸长须。大索城中；无，则之郭，之村，之山僻，之邻府州县。用重价聘之，得三十六人，梁山泊好汉，个个呵活，臻臻至至，人马称娖（chuò）而行……”这样的白描的活古人，谁能不动一看的雅兴呢？可惜这种盛举，早已和明

---

① 寥寥（liáo liáo）：形容人数稀少。
② 吡吡（bǐ bǐ）：象声词。

社一同消灭了。

赛会虽然不像现在上海的旗袍，北京的谈国事，为当局所禁止，然而妇孺们是不许看的，读书人即所谓士子，也大抵不肯赶去看。只有游手好闲的闲人，这才跑到庙前或衙门前去看热闹；我关于赛会的知识，多半是从他们的叙述上得来的，并非考据家所贵重的“眼学”。然而记得有一回，也亲见过较盛大的赛会。开首是一个孩子骑马先来，称为“塘报”；过了许久，“高照”到了，长竹竿揭起一条很长的旗，一个汗流浃背的胖大汉用两手托着；他高兴的时候，就肯将竿头放在头顶或牙齿上，甚而至于鼻尖。其次是所谓“高跷”“抬阁”“马头”了；还有扮犯人的，红衣枷锁，内中也有孩子。

我那时觉得这些都是光荣的事业，与闻其事的即全是大有运气的人，——大概羡慕他们的出风头罢。我想，我为什么不生一场重病，使我的母亲也好到庙里去许下一个“扮犯人”的心愿呢？……然而我到现在终于没有和赛会发生关系过。

要到东关看五猖会去了。这是我儿时所罕逢的一件盛事，因为那会是全县中最盛的会，东关又是离我家很远的地方，出城还有六十多里水路，在那里有两座特别的庙。一是梅姑庙，就是《聊斋志异》所记，室女守节，死后成神，却篡取别人的丈夫的；现在神座上确塑着一对少年男女，眉开眼笑，殊与“礼教”有妨。其一便是五猖庙了，名目就奇特。

据有考据癖的人说：这就是五通神。然而也并无确据。神像是五个男人，也不见有什么猖獗[③]之状；后面列坐着五位太太，却并不“分坐”，远不及北京戏园里界限之谨严。其实呢，这也是殊与“礼教”有妨的，——但他们既然是五猖，便也无法可想，而且自然也就“又作别论”了。

因为东关离城远，大清早大家就起来。昨夜预定好的三道明瓦窗的大船，已经泊在河埠头，船椅、饭菜、茶炊、点心盒子，都在陆续搬下去了。我笑着跳着，催他们要搬得快。忽然，工人的脸色很谨肃了，我知道有些蹊跷，四面一看，父亲就站在我背后。

“去拿你的书来。”他慢慢地说。这所谓“书”，是指我开蒙时候所读的《鉴略》，因为我再没有第二本了。我们那里上学的岁数是多拣单数的，所以这使我记住我其时是七岁。

我忐忑着，拿了书来了。他使我同坐在堂中央的桌子前，教我一句一句地读下去。我担着心，一句一句地读下去。两句一行，大约读了二三十行罢，他说：“给我读熟。

③ 猖獗（chāng jué）：凶猛而放肆。

背不出，就不准去看会。”他说完，便站起来，走进房里去了。我似乎从头上浇了一盆冷水。但是，有什么法子呢？自然是读着，读着，强记着，——而且要背出来。

粤有盘古，生于太荒，
首出御世，肇开混茫。

就是这样的书，我现在只记得前四句，别的都忘却了；那时所强记的二三十行，自然也一齐忘却在里面了。记得那时听人说，读《鉴略》比读《千字文》《百家姓》有用得多，因为可以知道从古到今的大概。知道从古到今的大概，那当然是很好的，然而我一字也不懂。

“粤自盘古”就是“粤自盘古”，读下去，记住它，“粤自盘古”呵！“生于太荒”呵！……

应用的物件已经搬完，家中由忙乱转成静肃了。朝阳照着西墙，天气很晴朗。母亲、工人、长妈妈即阿长，都无法营救，只默默地静候着我读熟，而且背出来。在百静中，我似乎头里要伸出许多铁钳，将什么“生于太荒”之流夹住；也听到自己急急诵读的声音发着抖，仿佛深秋的蟋蟀，在夜中鸣叫似的。

他们都等候着；太阳也升得更高了。我忽然似乎已经很有把握，便即站了起来，拿书走进父亲的书房，一气背将下去，梦似的就背完了。

“不错。去罢。”父亲点着头，说。大家同时活动起来，脸上都露出笑容，向河埠走去。工人将我高高地抱起，仿佛在祝贺我的成功一般，快步走在最前头。

我却并没有他们那么高兴。开船以后，水路中的风景，盒子里的点心，以及到了东关的五猖会的热闹，对于我似乎都没有什么大意思。

直到现在，别的完全忘却，不留一点痕迹了，只有背诵《鉴略》这一段，却还分明如昨日事。

我至今一想起，还诧异我的父亲何以要在那时候叫我来背书。

【作者：鲁迅】

一、文章分析

1.“五猖会”的热闹具体是指什么？

2. 你的家乡有哪些盛大的节日，都是如何庆祝的？

第十一单元

DI SHI YI DAN YUAN

圆桌与筷子

我听人说起一个笑话，一个中国人向外国人夸说中国的伟大，圆餐桌的直径可以大到几乎一丈开外。外国人说："那么你们的筷子有多长呢？""六七尺长。""那样长的筷子，如何能夹起菜来送到自己嘴里呢？""我们最重礼让，是用筷子夹菜给坐在对面的人吃。"

大圆桌我是看见过的，不是加盖上去的圆桌面，是定制的大型圆餐桌，周遭至少可以坐二十四个人，宽宽绰绰的一点也不挤，绝无"菜碗常需头上过，酒壶频向耳边洒"的现象。桌面上有个大转盘（英语名为"懒苏珊"），转盘有自动旋转的装置，主人按钮后就会不急不徐地转。转盘上每菜两大盘，客人不需等待旋转一周即可伸手取食。这样大的圆桌有一个缺点，除了左右邻座之外，彼此相隔甚远，不便攀谈，但是这缺点也许正是优点，不必没话找话，大可埋头猛吃，做食不语状。

我们的传统餐桌本是方的，所谓八仙桌，往日喜庆宴都是用方桌，通常一席六个座位，有时下手添个长凳打横，只有在特殊情形下才加上一个圆桌面。炕上餐桌也是方的。方桌折角打开变成圆桌（英语所谓"信封桌"），好像是比较晚近的事了。

许多人团聚在一起吃饭，尤其是讲究吃的东西要烫嘴热，当然以圆桌为宜，把食物放在桌中央，由中央到圆周的半径是一样长，各人伸箸取食，有如辐辏于毂[1]。因为圆桌可能嫌大，现在几乎凡是圆桌必有转盘，可恼

① 毂（gǔ）：车轮中心，有洞可以插轴的部分，借指车轮或车。

的是直眉瞪眼的餐厅侍者多半是把菜盘往转盘中央一丢，并不放在转盘的边缘上，然后掉头而去，转盘等于虚设。

西方也不是没有圆桌。亚瑟王的圆桌骑士是赫赫有名的，那圆桌据说当初可以容一百五十名骑士就坐，真不懂那样大的圆桌能放在什么地方，也许是里三层外三层围绕着吧？近代外交场所常有所谓圆桌会议，也许是微带椭圆之形，其用意在于宾主座位不分上下。这都不能和我们中国的圆桌相提并论。我们的圆桌是普遍应用的，家庭聚餐时，祖孙三代团团坐，有说有笑，融融泄泄；友朋宴饮时，敬酒、豁拳、打通关都方便。吃火锅，更非圆桌不可。

筷子是我们的一大发明。原始人吃东西用手抓，比不会用手抓的禽兽已经进步很多，而两根筷子则等于是手指的伸展，比猿猴使用树枝拨东西又进一步。筷子运用起来可以灵活无比，能夹、能戳、能撮、能挑、能扒、能掰、能剥，凡是手指能做的动作，筷子都能。没人知道筷子是何时何人发明的。如果《史记》所载不虚，“纣为象箸而箕子唏”，即纣王使用象牙筷子而箕子忍气吞声地叹气，那么象牙筷子的历史可说是很久远了。箸原是筴，竹子做的筷子；又作梜，木头做的筷子。象牙筷子并没有什么好，怕烫，容易变色。假象牙筷子颜色不对，没有纹理，更容易变色，而且在吃香酥鸭的时候，拉扯用力稍猛就会“咔嚓”一声断为两截。倒是竹筷子最好，湘妃竹固然好，普通竹也不错，髹油漆固然好，本色尤佳。做祖父母的往往喜欢使用银箸，通常是短短细细的，怕分量过重，这只为了表示其地位之尊崇。金箸我尚未见过，恐怕未必中用。箸之长短不等，湖南的筷子特长，盘子也特大，但是没有长到烤肉的筷子那样。

西方人学习用筷子那副笨相可笑，可是我们幼时开始用筷子的时候，又何尝不是像狗熊耍扁担？稍长，我们使筷子的伎俩都精了——都太精了。相传少林绝技之一是举箸能夹住迎面飞来的弹丸，据说是先从用筷子捕捉苍蝇练成的一种功夫。一般人当然没有这种本领，可是在餐桌之上我们也常有机会看到某些人使用筷子的一些招数。一盘菜上桌，有人挥动筷子如舞长矛，如野火烧天横扫全境，有人胆大心细彻底翻腾如拨草寻蛇，更有人在汤菜碗里拣起一块肉，掂掂之后又放下了，再拣一块再掂掂再放下，最后才选得比较中意的一块，夹起来送进血盆大口之后，还要把筷子横在嘴里吮一下。于是有人在心里嘀咕：这样做岂不是把你的口水都污染了食物，岂不是让大家都于无意中吃了你的口水？

其实口水未必脏。我们自己吃东西都是伴着口水吃下去的，不吃东西的时候也常咽口水的。不过那是自己的口水，不嫌脏。别人的口水也未必脏。我不相信谁在热恋中没有大口大口咽过难分彼此的一些口水。怕的是口水中带有病菌，传染给别人和被人传染给自己都不大好。毛病不是出在筷子，是出在我们吃的方式上。

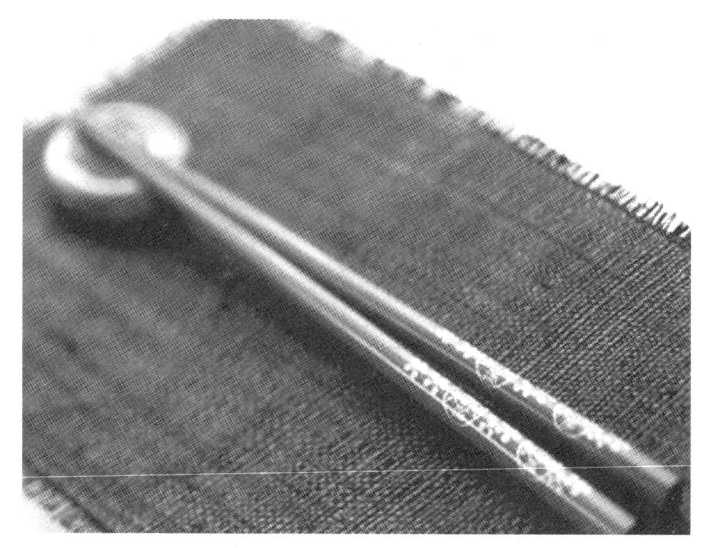

六十多年前，我的学校里来了一位教英语的老师，我只记得他姓钟，外号人称“钟善人”，他在学校及附近乡村里狂热地提倡两件事，一是植树，一是进餐时每人用两副筷子，一副用于取食，一副用于夹食入口。植树容易，一年只有一度，两副筷子则难行。谁有那样的耐心，每餐两副筷子此起彼落地交换使用？如今许多人家，以及若干餐馆，筷子仍是人各一双，但是菜盘汤碗各附一个公用的大匙，这个办法比较简便，解决了互吃口水的问题。东洋御料理老早就使用木质短小的筷子，用毕即丢弃。人家能，为什么我们不能？我愿象牙筷子、乌木筷子以及种种珍奇贵重的筷子都保存起来，将来作古董赏玩。

【作者：梁实秋】

一、根据文章内容选择正确答案。（从 ABCD 中选择一个最佳答案）

1. 关于圆桌的描述，下列选项不正确的是（ ）

A. 自动旋转的转盘，旋转不必等待一周即可伸手取食

B. 西方也有圆桌

C. 圆桌会议的用意在于宾主座位不分上下

D. 中国传统餐桌，不是特殊情况也可加圆桌面

2. 关于筷子的描述，下列选项正确的是（ ）

A. 筷子运用起来一定灵活无比

B. 象牙筷子是最早的筷子

C. 银箸往往代表地位尊崇

D. 湖南的筷子特长，和烤肉的筷子一样

3. 根据文章内容，下列说法错误的是：（　）

A. 作者不喜欢圆桌，是因为圆桌不利于彼此之间的攀谈

B. 圆桌在中国普遍运用，有利于家庭聚餐时的和谐气氛

C. 筷子由来已久，并且长短不等，材质也多种多样

D. 作者认为，利用公用餐具是有效避免他人口水的最佳方式

二、文章分析

1. 根据文章内容，概括中国人饭桌上的变化。

2. 结合文章的最后三段，说说作者通过筷子给予我们的启示。

3. 文章中提及祖父母多喜用银箸，这只为了表示其地位之尊崇；圆桌会议的用意在于宾主座位不分上下，你们周围有没有超越器物本身意义，已经附有社会价值和一定文化意义的物品，请列举一些，并说明代表了什么意义。

文╲章╲二

烧饼油条

烧饼油条是我们中国人标准早餐之一，在北方不分省份、不分阶级、不分老少，大概都喜欢食用。我生长在北平，小时候的早餐几乎永远是一套烧饼油条——不，叫油炸鬼，不叫油条。有人说，油炸鬼是油炸桧之讹，大家痛恨秦桧，所以名之为油炸桧以泄愤。这种说法恐怕是源自南方，因为北方读音鬼与桧不同。为什么叫油鬼，没人知道。在比较富裕的大家庭里，只有做父亲的才有资格偶然以馄饨、鸡丝面或羊肉馅包子作早点；只有做祖父母的才有资格常以燕窝汤、莲子羹或哈什玛之类作早点；像我们这些“民族幼苗”，便只有烧饼油条来果腹了。说来奇怪，我对于烧饼油条从无反感，天天吃也不厌，我清早起来，就有一大簸箩烧饼油鬼在桌上等着我。

现在台湾的烧饼油条，我以前在北平还没见过。我所知道的烧饼，有螺蛳转儿、芝麻酱烧饼、马蹄儿、驴蹄儿几种，油鬼有麻花儿、甜油鬼、炸饼儿几种。螺蛳转儿夹麻花儿是一绝，掰开螺蛳转儿，夹进麻花儿，用手一按，咔吱一声麻花儿碎了，这一声响就很有意思，如今我再也听不到这个声音。有一天和齐如山先生谈起，他也很感慨，他嫌此地油条不够脆，有一次他请炸油条的人给他特别炸焦，“我加倍给你钱”，那个炸油条的人好像是前一夜没睡好觉（事实上凡是炸油条烙烧饼的人都是睡眠不足），一翻白眼说：“你有钱？我不伺候！”回锅油条、老油条也不是味道，焦硬有余，酥脆不足。至于烧饼，螺蛳转儿好像久已不见了，因为专门制售螺蛳转儿的粥铺早已绝迹了。所谓粥铺，是专卖甜浆粥的一种小店，甜浆

粥是一种稀稀的粗粮米汤，其味特殊。北平城里的人不知道喝豆浆，常是一碗甜浆粥一套螺蛳转儿，但是这也得到粥铺去趁热享用才好吃。我到十四岁以后才喝到豆浆，我相信我父母一辈子也没有喝过豆浆。我们家里吃烧饼油条，嘴干了就喝大壶的茶，难得有一次喝到甜浆粥。后来我到了上海，才看到细细长长的那种烧饼，以及菱形的烧饼，而且油条长长的也不适于夹在烧饼里。

火腿、鸡蛋、牛油面包作为标准的早点，当然也好，但我只是在不得已的情形下才接受了这种异俗。我心里怀念的仍是烧饼油条。和我有同嗜的人相当不少。海外羁旅，对于家乡土物率多念念不忘。有一位美籍华裔的学人，每次到台湾来都要带一二百副烧饼油条回到美国去，存在冰柜里，逐日捡取一副放在烤箱或电锅里一烤，便觉得美不可言。谁不知道烧饼油条只是脂肪、淀粉，从营养学来看，不构成一份平衡的食品。但是多年习惯，对此不能忘情。在纽约曾有人招待我到一家中国餐馆进早点，座无虚席，都是烧饼油条客，那油条一根根的都很结棍，韧性很强。但是大家觉得这是家乡味，聊胜于无。做油条的师傅，说不定曾经付过二两黄金才学到如此这般的手艺。又有一位返国观光的游子，住在台北一家观光旅馆里，晨起第一桩事就是外出寻找烧饼油条，遍寻无着，返回旅舍问服务小姐，服务小姐登时蛾眉一耸说："这是观光区域，怎会有这种东西？你要向偏僻街道、小巷去找。"闹哄了一阵，兴趣已无，乖乖地到附设餐厅里去吃火腿、鸡蛋、面包了事。

有人看我天天吃烧饼油条，就问我："你不嫌脏？"我没想到过这个问题。据这位关心的人说，要注意烧饼里有没有老鼠屎。第二天我打开烧饼先检查，哇，一颗不大不小像一颗万应锭似的黑黑的东西赫然在焉。用手一捻，碎了。若是不当心，人口一咬，必定牙碜，也许不当心会咽了下去。想起来好怕，"一颗老鼠屎搅坏一锅粥"，这话不假，从此我存了戒心。看看那个豆浆店，小小一间门面，案板油锅都放在人行道上，满地是油渍污泥，一袋袋的面粉堆在一旁像沙包一样，阴沟里老鼠横行。再看看那打烧饼、炸油条的人，头发蓬松，上身只有灰白背心，脚上一双拖鞋，说不定嘴里还叼着一根纸烟。在这情况之下，要使老鼠屎不混进烧饼里去，着实很难。好在不是一个烧饼里必定轮配到一橛老鼠屎，难得遇见一回，所以戒心维持了一阵也就解严了。

也曾经有过观光级的豆浆店出现，在那里有峨高冠的厨师，有穿制服的侍者，有装潢，有灯饰，筷子有纸包着，豆浆碗下有盘托着，餐巾用过就换，而不是一块毛巾大家用，像邮局浆糊旁边附设的小块毛巾那样的又脏又粘。如果你带外宾进去吃早点，可以不至于脸红。但是偶尔观光一次是可以的，谁也不能天天去观光，谁也不能常跑远路去图一饱。于是这打肿脸充胖子的局面维持不下去了，烧饼油条依然是在行人道边乌烟瘴气的环境里苟延残喘，而且我感觉到吃烧饼油条的同志也越来越少了。

【作者：梁实秋】

一、文章分析

1. 根据文章的第三自然段，谈谈烧饼油条对于中国人的深刻意义。

2. 作者将偏僻小巷里的豆浆店和“观光级”的豆浆店对比有何深意？

3. 结合全文及文章的最后一句“我感觉到吃烧饼的同志越来越少了”，作者想表达什么样的思想感情？

文\章\三

茶和交友（节选）

真正鉴赏家常以亲自烹茶为一种殊乐。中国的烹茶饮茶方法不像日本那么过分严肃和讲规则，而仍属一种富有乐趣而又高尚重要的事情。实在说起来，烹茶之乐和饮茶之乐各居其半。正如吃西瓜子，用牙齿咬开瓜子壳之乐和吃瓜子肉之乐实各居其半。

茶炉大都置在窗前，用硬炭生火。主人很郑重地扇着炉火，注视着水壶中的热气。他用一个茶盘，很整齐地装着一个小泥茶壶和四个比咖啡杯小一些的茶杯。再将贮茶叶的锡罐安放在茶盘的旁边，随口和来客谈着天，但并不忘了手中所应做的事。他时时顾着炉火，等到水壶中渐发沸声后，他就立在炉前不再离开，更加用力地扇火，还不时要揭开壶盖望一望。那时壶底已有小泡，名为“鱼眼”或“蟹沫”，这就是“初滚”。他重新盖上壶盖，再扇上几遍，壶中的沸声渐大，水面也渐起泡，这名为“二滚”。这时已有热气从壶口喷出来，主人也就格外地注意。到将届“三滚”，壶水已经沸透之时，他就提起水壶，将小泥壶里外一浇，赶紧将茶叶加入泥壶，泡出茶来。这种茶如福建人所饮的“铁观音”，大都泡得很浓。小泥壶中只可容水四小杯，茶叶占去其三分之一的容隙。因为茶叶加得很多，所以一泡之后即可倒出来喝了。这一道茶已将壶水用尽，于是再灌入凉水，放到炉上去煮，以供第二泡之用。严格地说起来，茶在第二泡时为最妙。第一泡譬如一个十二三岁的幼女，第二泡为年龄恰当的十六女郎，而第三泡则已是少妇了。照理论上说起来，鉴赏家认第三泡的茶为不可复饮，但

实际上，享受这个“少妇”的人仍很多。

以上所说是我本乡中一种泡茶的实际素描。这个艺术是中国的北方人所不晓的。在中国一般的人家中，所用的茶壶大都较大。至于一杯茶，最好的颜色是青中带黄，而不是英国茶那样的深红色。

我们所描写的当然是指鉴赏家的饮茶，而不是像店铺中的以茶奉客。这种雅举不是普通人所能办到的，也不是人来人往、论碗解渴的地方所能办到的。《茶疏》的作者许次纾说得好：“宾朋杂沓，止堪交钟觥筹，乍会泛交，仅须常品酬酢[①]。惟素心同调，彼此畅适，清言雄辩，脱略形骸，始可呼童篝火，吸水点汤，量客多少，为役之烦简。”而《茶解》作者所说的就是此种情景：“山堂夜坐，汲泉煮茗。至水火相战，如听松涛。倾泻入杯，云光滟潋。此时幽趣，故难与俗人言矣。”

凡真正爱茶者，单是摇摩茶具，已经自有其乐趣。蔡襄年老时已不能饮茶，但他每天必烹茶以自娱，即其一例。又有一个文士名叫周文甫，他每天自早至晚，必在规定的时刻自烹自饮六次。他极钟爱他的茶壶，死时甚至以壶为殉。因此茶的享受、技术包括下列各节：第一，茶味娇嫩，茶易败坏，所以整治时，须十分清洁，须远离酒类香类一切有强味的物事，和身带这类气息的人；第二，茶叶须贮藏于冷燥之处，在潮湿的季节中，备用的茶叶须贮于小锡罐中，其余则另贮大罐，封固藏好，不取用时不可开启，如若发霉，则须在文火上微烘，一面用扇子轻轻挥动，以免茶叶变黄或变色；第三，烹茶的艺术一半在于择水，山泉为上，河水次之，井水更次，水槽之水如来自堤堰，因为本属山泉，所以很可用得；第四，客不可多，且须文雅之人，方能鉴赏杯壶之美；第五，茶的正色是青中带微黄，过浓的红茶即不能不另加牛奶、柠檬、薄荷或他物以调和其苦味；第六，好茶必有回味，大概在饮茶半分钟后，当其化学成分和津液发生作用时，即能觉出；第七，茶须现泡现饮，泡在壶中稍稍过候，即会失味；第八，泡茶必须用刚沸之水；第九，一切可以混杂真味的香料，须一概屏除，至多只可略加些

① 酬酢（chóu zuò）：宾主互相敬酒（酬：向客人敬酒，酢：向主人敬酒），泛指交际应酬。

桂皮或茌茌花，以合有些爱好者的口味而已；第十，茶味最上者，应如婴孩身上一般的带着“奶花香”。

据《茶疏》之说，最宜于饮茶的时候和环境是这样——

饮时：

心手闲适、披咏疲倦、意绪纷乱、听歌拍曲、歌罢曲终、杜门避事、鼓蓼看画、夜深共语、明窗净几、洞房阿阁、宾主款狎、佳客小姬、访友初归、风日晴和、轻阴微雨、小桥画舫、茂林修竹、课花赏鸟、荷亭避暑、小院焚香、酒阑人散、儿辈斋馆、清幽寺观、名泉怪石。

宜辍：

作事、观剧、发书简、大雨雪、长筵大席、翻阅卷帙、人事忙迫、及与上宜饮时相反事。

不宜近：

阴室、厨房、市喧、小儿啼、野性人、童奴相哄、酷热斋舍。

【作者：林语堂】

一、文章分析

1. 根据文章内容，说说烹茶有什么样的乐趣。

2. 文章的第三段提到了两种不同的饮茶类型，作者更倾向于哪一种？为什么？

3. 根据文章内容，说说茶和交友有什么样的联系。

文╲章╲四

四方食事

中国不少省份的人都爱吃辣椒。云、贵、川、黔、湘、赣。延边朝鲜族极能吃辣。人说吃辣椒爱上火。井冈山人说：“辣子有补（没有营养），两头受苦。”我认识一个演员，他一天不吃辣椒，就会便秘！我认识一个干部，他每天在机关吃午饭，什么菜也不吃，只带一小饭盒油炸辣椒来，吃辣椒下饭，顿顿如此。此人真是个吃辣椒专家，全国各地的辣椒，都设法弄了来吃。据他的品评，认为土家族的最好。有一次他带了一饭盒来，让我尝尝，真是又辣又香。然而有人是不吃辣的。我曾随剧团到重庆体验生活。四川无菜不辣，有人实在受不了。有一个演员带了几个年轻的女演员去吃汤圆，一个唱老旦的演员进门就嚷嚷：“不要辣椒！”卖汤圆的白了她一眼：“汤圆没有放辣椒的！”

北方人爱吃生葱生蒜。山东人特爱吃葱，吃煎饼、锅盔，没有葱是不行的。有一个笑话：婆媳吵嘴，儿媳妇跳了井。儿子回来，婆婆说：“可了不得啦，你媳妇跳井啦！”儿子说：“不咋！”拿了一根葱在井口逛了一下，媳妇就上来了。山东大葱的确很好吃，葱白长至半尺，是甜的。江浙人不吃生葱蒜。做鱼肉时放葱，谓之“香葱”，实即北方的小葱，几根小葱，挽成一个疙瘩，叫做“葱结”。他们把大葱叫做“胡葱”，即便做菜时也不大用。有一个著名女演员，不吃葱，她和大家一同去体验生活，菜都得给她单做。“文化大革命”斗她的时候，这成了一条罪状。北方人吃炸酱面，必须有几瓣蒜。在长影拍片时，有一天我起晚了，早饭已经开

过，我到厨房里和几位炊事员一块吃。那天吃的是炸油饼，他们吃油饼就蒜。我说：“吃油饼哪有就蒜的！”一个河南籍的炊事员说：“嘿！你试试！”果然，“另一个味儿”。我前几年回家乡，接连吃了几天鸡鸭鱼虾，吃腻了，我跟家里人说：“给我下一碗阳春面，弄一碟葱，两头蒜来。”家里人看我生吃葱蒜，大为惊骇。

有些东西，本来不吃，吃吃也就习惯了。我曾经夸口，说我什么都吃，为此挨了两次捉弄。一次在家乡，我原来不吃芫荽（香菜），以为有臭虫味。一次，我家所开的中药铺让我去吃面——那天是药王生日，铺中管事弄了一大碗凉拌芫荽，说：“你不是什么都吃吗？”我一咬牙吃了。从此我就吃芫荽了。近来北地，每吃涮羊肉，调料里总要撒上大量芫荽。苦瓜，我原来也是不吃的——没有吃过。我们家乡有苦瓜，叫做癞葡萄，是放在磁盘里看着玩，不吃的。一次在昆明，有一位诗人请我下小馆子，他要了三个菜：凉拌苦瓜、炒苦瓜、苦瓜汤。他说：“你不是什么都吃吗？”从此，我就吃苦瓜了。北京人原来是不吃苦瓜的，近年也学会吃了。不过他们用凉水连“拔”三次，基本上不苦了，那还有什么意思！

有些东西，自己尽可不吃，但不要反对旁人吃。不要以为自己不吃的东西，谁吃，就是岂有此理。比如广东人吃蛇，吃龙虱；傣族人爱吃苦肠，即牛肠里没有完全消化的粪汁，蘸肉吃。这在广东人、傣族人，是没有什么奇怪的。他们爱吃，你管得着吗？不过有些东西，我也以为以不吃为宜，比如炒肉芽——腐肉所生之蛆。

总之，一个人的口味要宽一点、杂一点，“南甜北咸东辣西酸”，都去尝尝。对食物如此，对文化也应该这样。

【作者：汪曾祺】

一、文章分析

1. 文章的第二自然段中，为何“儿子拿了一根葱在井口逛了一下，媳妇就上来了”？

2. 结合文章的最后一段，谈谈你对文化多样性的理解。

第十二单元

DI SHI ER DAN YUAN

文╲章╲一

豆腐

豆腐是我们中国食品中的瑰宝。豆腐制作之法是否始于汉淮南王刘安没有关系，反正我们已经吃了这么多年，今仍然在吃。在海外留学的人，到唐人街杂碎馆打牙祭少不了要吃一盘烧豆腐，方才有家乡风味。有人在海外由于制豆腐而发了财，也有人研究豆腐而得到学位。

关于豆腐的事情，可以编写一部大书，现在只是谈谈几项我个人喜欢的吃法。

凉拌豆腐，最简单不过。买块嫩豆腐，冲洗干净，加上一些葱花，撒些盐，加麻油，就很好吃。若是用红酱豆腐的汁浇上去，更好吃。再不济浇上一些酱油膏和麻油，也不错。我最喜欢的是香椿拌豆腐。香椿就是庄子所说的“以八千岁为春，以八千岁为秋”的椿。取其吉利，我家后院植有一棵不大不小的椿树，春发嫩芽，绿中微带红色，摘下来用沸水一烫，切成碎末，拌豆腐，有奇香。可是别误摘臭椿，臭椿就是樗，《本草》李时珍曰：“其叶臭恶，歉年人或采食。”近来台湾也有香椿芽偶然在市上出现，虽非臭椿，但是嫌其太粗壮，香气不足。在北平，和香椿拌豆腐可以相提并论的是黄瓜拌豆腐。这黄瓜若是冬天温室里长出来的，在没有黄瓜的季节吃黄瓜拌豆腐，其乐也何如？比松花拌豆腐好吃得多。

“鸡刨豆腐”是普通家常菜，可是很有风味。一块老豆腐用铲子在炒锅热油里戳碎，戳得乱七八糟，略炒一下，倒下一个打碎了的鸡蛋，再炒，加大量葱花。养过鸡的人应该知道，一块豆腐被鸡刨了是什么样子。

锅塌豆腐又是一种味道。切豆腐成许多长方块，厚薄随意，裹以鸡蛋汁，再裹上一层芡粉，入油锅炸，炸到两面焦，取出。再下锅，浇上预先备好的调味汁，如酱油料酒等，如有虾子羼入[①]更好。略烹片刻，即可供食。虽然仍是豆腐，然已别有滋味。台北天厨陈万策老板，自己吃长斋，然喜烹调，推出的锅塌豆腐就是北平作风。

沿街担贩有卖“老豆腐”者。担子一边是锅灶，煮着一锅豆腐，久煮成蜂窝状，另一边是碗匙佐料如酱油、醋、韭菜末、芝麻酱、辣椒油之类。这样的老豆腐，自己在家里也可以做。天厨的老豆腐，加上了鲍鱼火腿等，身份就不一样了。担贩亦有吆喝“卤煮啊，炸豆腐”者，他卖的是炸豆腐，三角形的，间或还有加上炸豆腐丸子的，煮得烂，加上些佐料如花椒之类，也别有风味。

一九二九年至一九三零年之际，李璜先生宴客于上海四马路美丽川（应该是美丽川菜馆，大家都称之为美丽川），我记得在座的有徐悲鸿、蒋碧微等人，还有我不能忘的席中的一道“蚝油豆腐”。事隔五十余年，不知李幼老还记得否。蚝油豆腐用头号大盘，上面平铺着嫩豆腐，一片片的像瓦垄然，整齐端正，黄澄澄的稀溜溜的蚝油汁洒在上面，亮晶晶的。那时候四川菜在上海初露头角，我首次品尝，诧为异味，此后数十年间吃过无数次川菜，不曾再遇此一杰作。我揣想那一盘豆腐是摆好之后去蒸的，然后浇汁。

厚德福有一道名菜，尝过的人不多，因为非有特殊关系或情形他们不肯做，做起来太麻烦，这就是“罗汉豆腐”。豆腐捣成泥，加芡粉以增其黏性，然后捏豆腐泥成小饼状，实以肉馅，和捏汤团一般，下锅过油，再下锅红烧，辅以佐料。罗汉是断尽三界一切见思惑的圣者，焉肯吃外表豆腐而内含肉馅的丸子，称之为罗汉豆腐是有揶揄

① 羼入（chàn rù）：掺入。

之意，而且也没有特殊的美味，和“佛跳墙”同是噱头而已。

冻豆腐是广受欢迎的，可下火锅，可做冻豆腐粉丝熬白菜（或酸菜）。有人说，玉泉山的冻豆腐最好吃，泉水好，其实也未必。凡是冻豆腐，味道都差不多。我常看到北方的劳苦人民，辛劳一天，然后拿着一大块锅盔，捧着一黑皮大碗的冻豆腐粉丝熬白菜，稀里呼噜地吃，我知道他自食其力，他很快乐。

【作者：梁实秋】

一、根据文章内容选择正确答案。（从 ABCD 中选择一个最佳答案）

1. 关于豆腐，以下哪个说法不正确？（　　）

A. 有人靠制豆腐发财，有人靠研究豆腐得到学位

B. 始于汉淮南王刘安

C. 关于豆腐的事情，可以编写一部大书

D. 是我们中国食品中的瑰宝

2. 以下哪一项概括是正确的？（　　）

A. 香椿是“以八千岁为春，以八千岁为秋”的椿

B. “鸡刨豆腐”是山珍海味，很有风味

C. 老豆腐，只能在饭店才可以做出来

D. 罗汉豆腐做法简单

二、文章分析

1. 豆腐是最常见的一种食物，关于豆腐的吃法不胜枚举，作者也在文中列举了许多名菜。你吃过豆腐吗？回味一下，豆腐在你脑海中的印象是怎样的？

2. 豆腐在中国深得人心，民间俚语中豆腐也常被挂在嘴边。“鱼生火，肉生痰，白菜豆腐保平安”，说的就是豆腐的保健作用；“刀子嘴，豆腐心”说的是豆腐的仁爱谦和。你还知道哪些民间俚语？

文\章\二

香香甜甜腊八粥

民间有谚曰：小孩小孩你别馋，过了腊八就是年。

腊八是指每年农历十二月（俗称腊月）的第八天，十二月初八（腊月初八）即腊八节。腊八节在中国有着悠久的传统和历史，在这一天做腊八粥、喝腊八粥是全国老百姓最传统也最讲究的习俗。

昔时朋去半，人面两分离。星光对残月，女子到来齐。这是一个四字谜语，谜底是：腊八粥好。

腊八粥怎样个好法，有道光皇帝题为《腊八粥》的诗为证：一阳初复中大吕，谷粟为粥和豆煮。应节献佛矢心虔，默祝金光济众普。盈几馨香细细浮，堆盘果蔬纷纷聚。共赏佳品达妙门，妙门色相传莲炬。童稚饱腹庆升平，还向街头击腊鼓。

腊八至，日子也到了辞旧迎新的档期，冬将去春将来，又一次季节轮回即将开始。中国自古就是一个农耕为主的国度，腊月也就是岁末了，接近新年的味道了。忙碌辛苦了一年的人们该歇歇脚，享受一下生活的闲情逸致。把田间、地头自耕、自种的五谷杂粮淘洗干净，再配以树上结的红枣，土里长的花生……放在一起煮熟炖烂，加上适量的糖，就做成了可口香甜、营养丰富的腊八粥。

我国古代天子，每年农历的十二月要用干物进行腊祭，敬献神灵。腊祭包括两个方面：一是祭祀；二是祷祝。祭祀是祀八谷星神，用干物敬献，表示庆丰收之意。干物称腊，八是八谷星神，故称腊八。在时间上，

腊祭又是在农历每年的腊月初八日进行的。腊月初八日亦称腊八。祷祝是腊祭的一个重要方面，内容是祈求来年风调雨顺，确保农业丰收。于每年的腊月初八日用干物祭祀八谷星神，进行祷祝，称为腊八祝或称蜡八祝，祝与粥谐音，于是就于每年的腊月初八日，将蔬果干物搅和在一起，煮熟成粥，敬献农神，以表示庆丰收之意，并进行祷祝。用腊八粥来谐音腊八祝的意思，这就是腊八粥的由来，含义是用干物煮粥，敬献农神，进行祷祝，祈求保佑，以庆丰收。

中国喝腊八粥的历史，仅书面记载的也已有一千多年了，至迟始于宋代。每逢腊八这一天，不论是朝廷、官府、寺院还是黎民百姓家都要做腊八粥。明代的用料，加江米、白果、核桃仁、栗子等煮粥。到了清朝，喝腊八粥的风俗更是盛行。在宫廷，皇帝、皇后、皇子等都要向文武大臣、侍从宫女赐腊八粥，并向各个寺院发放米、果等供僧侣食用。在民间，家家户户也要做腊八粥，祭祀祖先；同时，合家团聚在一起食用，馈赠亲朋好友。著名的雍和宫腊八粥，除了江米、小米等五谷杂粮外，还加有羊肉丁和奶油，粥面撒有红枣、桂圆、核桃仁、葡萄干、瓜子仁、青红丝等。

关于腊八粥这一风俗的来历，还有一个说法是明太祖朱元璋留下来的。据说，朱元璋小时家中很穷，父母把他送到一个财主家去放牛。这个财主十分虐待他，他常常挨打，吃不饱饭。有一天，他牧牛归来经过一独木桥，没想到老牛一滑跌下桥去，将腿跌断，老财主气急败坏，便把朱元璋关进一间屋子里不给饭吃，他饿得在屋中直转，想找点吃的，突然发现屋中有一个鼠洞，便扒开，没想到这是老鼠的一个粮仓，里面有米，有豆，有芋艿，还有红枣，但都只有那么一点点，他便把这些东西合在一起煮了一锅粥，因已饿极，吃起来觉得十分甘甜可口。 后来，朱元璋当了皇帝，珍肴美味吃腻了。有一天，他忽然想起小时候从老鼠洞中挖出的粮豆煮的粥，便叫御厨给他做了一餐各种粮豆混在一起熬的甜粥，吃的这一天正是腊月初八，因此就叫腊八粥。满朝文武官员们见皇帝吃腊八粥，便纷纷效仿，渐渐传到民间，便成了风俗。

如今，喝腊八粥的习俗已逐渐失去了原来的意义，现在人们已无须再祭祀神灵，但腊八节煮腊八粥这种饮食文化和风俗习惯已经传承了下来，成了有趣的群体现象。又因为地方不同，粥的熬煮方式也非常丰富多彩，呈现浓厚的地方特色。各地腊八粥的花样，争奇竞巧，品种繁多。一般为甜味粥，多以新鲜的粮食和瓜果煮成，但也有人喜欢咸粥，内除大米、小米、绿豆、豇豆、小豆、花生、大枣等原料外，还要加肉丝、萝卜、白菜、粉条、海带、豆腐等。

清代营养学家曹燕山撰《粥谱》，对腊八粥的健身营养功能讲得详尽、清楚，调理营养，易于吸收，是“食疗”佳品，有和胃、补脾、养心、清肺、益肾、利肝、消渴、明目、通便、安神的作用。这些已都被现代医学证实。对老年人来说，腊八粥同样是有益的美食，但不宜多喝。其实，何止是腊八，平素喝粥，对老年人也是有所裨益的。粥的品种也相当多，可因人而异，按需选择，酌情食用。

每逢腊七腊八是一年当中气温最低的日子，人的抵抗力也变得较弱，而简单的一款腊八粥却包含了和胃、补脾、养心、清肺、益肾、利肝、明目、安神、通便等作用，可谓是面面俱到，同时丰富的营养使人体增强免疫力，提高耐寒指数。数九寒天，手捧一碗热乎乎的腊八粥，甜丝丝香喷喷，吃在嘴里，暖在心上，也算为新年讨个好彩头。

【作者：纪长军】

一、文章分析

1. 作者为什么要引用道光皇帝的题为《腊八粥》的诗？

2. 腊八节和腊八粥的文化内涵是什么？

3. 你们国家有什么节日美食？请简要概括。

文＼章＼三

饺子

“好吃不过饺子，舒服不过倒着。”这是北方乡下的一句俗语。北平城里的人不说这句话。因为北平人过去不说饺子，都说“煮饽饽”，这也许是满洲语。我到了十四岁才知道煮饽饽就是饺子。

北方人，不论贵贱，都以饺子为美食。钟鸣鼎食之家有的是人力财力，吃顿饺子不算一回事。小康之家要吃顿饺子要动员全家老少，和面、擀皮、剁馅、包捏、煮，忙成一团，然而亦趣在其中。年终吃饺子是天经地义，有人胃口特强，能从初一到十五顿顿饺子，乐此不疲[①]。当然连吃两顿就告饶的也不是没有。至于在乡下，吃顿饺子不易，也许要在姑奶奶回娘家时才能有此豪举。

饺子的成色不同，我吃过最低级的饺子。抗战期间有一年除夕我在陕西宝鸡，餐馆过年全不营业，我踯躅[②]街头，遥见铁路旁边有一草棚，灯火荧然，热气直冒，乃趋就之，竟是一间饺子馆。我叫了二十个韭菜馅饺子，店主还抓了一把带皮的蒜瓣给我，外加一碗热汤。我吃得一头大汗，十分满足。

我也吃过顶精致的一顿饺子。在青岛顺兴楼宴会，最后上了一钵水饺，饺子奇小，长仅寸许，馅子却是黄鱼韭黄，汤是清澈而浓的鸡汤，表面还漂着少许鸡油。大家已经酒足菜饱，禁不住诱惑，还是给吃得精光，连连

① 乐此不疲：形容对某事特别爱好而沉浸其中。
② 踯躅（zhí zhú）：徘徊不进。

叫好。

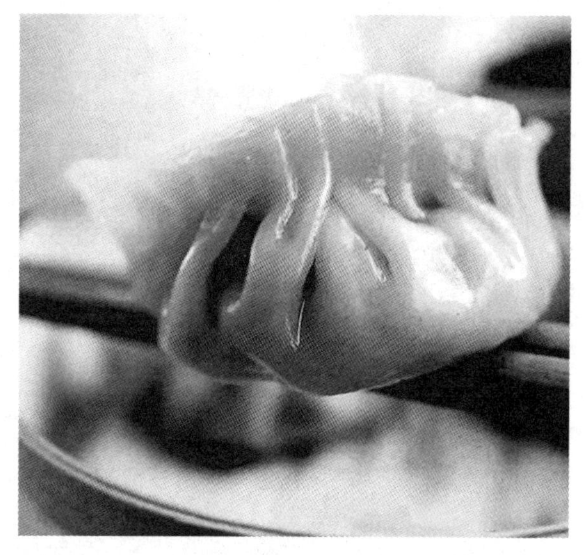

做饺子第一面皮要好。店肆现成的饺子皮，碱太多，煮出来滑溜溜的，咬起来韧性不足。所以一定要自己和面，软硬合度，而且要多醒一阵子。盖上一块湿布，防干裂。擀皮子不难，久练即熟，中心稍厚，边缘稍薄。包的时候一定要用手指捏紧。有些店里伙计包饺子，用拳头一握就是一个，快则快矣，煮出来一个个的面疙瘩，一无是处。

饺子馅各随所好。有人爱吃荠菜，有人怕吃茴香。有人要薄皮大馅，最好是一兜儿肉，有人愿意多羼青菜。（有一位太太应邀吃饺子，咬了一口大叫，主人以为她必是吃到了苍蝇蟑螂什么的，她说：“怎么，这里面全是菜！”主人大窘）有人以为猪肉冬瓜馅最好，有人认定羊肉白菜馅为正宗。韭菜馅有人说香，有人说臭，天下之口并不一定同嗜。

冷冻饺子是不得已而为之，还是新鲜的好。据说新发明了一种制造饺子的机器，一贯作业，整治迅速，我尚未见过。我想最好的饺子机器应该是——人。

吃剩下的饺子，冷藏起来，第二天油锅里一炸，炸得焦黄，好吃。

【作者：梁实秋】

一、文章分析

1. 饺子还有许多别称，请任意写出两个。

2. 吃饺子蕴含了怎样的文化色彩？

文\章\四

姑苏菜艺（节选）

我不想多说苏州菜怎么好了，因为苏州市每天都要接待几万名中外游客，来往客商，会议代表，几万张嘴巴同时评说苏州菜的是非，其中不乏吃遍中外的美食家，应该多听他们的意见。同时我也发现，全国和世界各地的人都说自己的家乡菜好，你说吃在某处，他说吃在某地，究其原因，这吃和各人的环境、习性、经历、文化水平等等都有关系。

人们评说，苏州菜有三大特点：精细，新鲜，品种随着节令的变化而改变。这三大特点是由苏州的天、地、人决定的。苏州人的性格温和，办事精细，所以他的菜也就精致，清淡中偏甜，没有强烈的刺激。听说苏州菜中有一种绿豆芽，是把鸡丝嵌在绿豆芽里，其精的程度可以和苏州的刺绣媲美。苏州是鱼米之乡，地处水网与湖泊之间，过去，在自家的水码头上可以捞鱼摸虾，不新鲜的鱼虾是无人问津的。从前，苏州市有两大蔬菜基地，南园和北园，这两个菜园子都在城里面。菜农黎明起菜，天不亮就可以挑到小菜场，挑到巷子口，那菜叶上还沾着夜来的露水。七年前，我有一位朋友千方百计地从北京调回来，我问他为什么，他说是为了回到苏州来吃苏州的青菜。这位朋友不是因莼鲈之思[①]而归故里，竟然是为了吃青菜而回来的。虽然不是唯一的原因，但也可见苏州人对新鲜食物是嗜之如命的。头刀（或二刀）韭菜、青蚕豆、鲜笋、菜花甲鱼、太湖莼菜、马

① 莼鲈（chún lú）之思：比喻怀念故乡的心情。

兰头……四时八节都有时菜，如果有哪种时菜没有吃上，那老太太或老先生便要叹息，好像今年的日子过得有点不舒畅，总是缺了点什么东西。

我们所说的苏州菜，通常是指菜馆里的菜，宾馆里的菜，其实，一般的苏州人并不是经常上饭店，除非是去吃喜酒，陪宾客什么的。苏州人的日常饮食和饭店里的菜有同有异，另成体系，即所谓的苏州家常菜。饭店里的菜也是千百年间在家常菜的基础上提高、发展而定型的。家常过日子没有饭店里的那种条件，也花不起那么多的钱，所以家常菜都比较简朴。可是简朴并不等于简单，经济实惠还得制作精细，精细有时并不消耗物力，消耗的是时间、智慧和耐力，这三者对苏州人来说是并不缺乏的。

吃也是一种艺术，艺术的风格有两大类。一种是华，一种是朴；华近乎雕琢，朴近乎自然，华朴相错是为妙品。人们对艺术的欣赏是华久则思朴，朴久则思华，两种风格交替，互补互济，以求得某种平衡。近华还是近仆，则因时因地因人而异。吃也是同样的道理。比如说，炒头刀韭菜、炒青蚕豆、荠菜肉丝豆腐、麻酱油香干拌马兰头，这些都是苏州的家常菜，很少有人不喜欢吃的。可是日日吃家常菜的人也想到菜馆里去弄一顿，换换口味。已故的苏州老作家周瘦鹃、范烟桥、程小青先生，算得上是苏州的美食家，他们的家常菜也是不马虎的。可在当年我们常常相约去松鹤楼“尝尝味道”。如果碰上连续几天宴请，他们又要高喊吃不消，要回家吃青菜了。前两年威尼斯的市长到苏州来访问，苏州市的市长在得月楼设宴招待贵宾。当年得月楼的经理是特级服务技师顾应根，他估计这位市长从北京等地吃过来，什么市面都见过了，便以苏州的家常菜待客，精心制作，朴素而近乎自然。威尼斯的市长大为惊异，中国菜竟如此的美味！苏州菜中有一道松鼠鳜鱼，是苏州名菜，家庭中条件有限，做不出来。可是苏州的家常菜中常用雪里蕻②烧鳜鱼汤，再加一点冬笋片和火腿片。如果我有机会在苏州

② 雪里蕻（hòng）：一种蔬菜。

的饭店做东或陪客的话，我常常指明要一只雪里蕻大汤鳜鱼，中外宾客食之无不赞美。鳜鱼雪菜汤虽然不像鲈鱼莼菜那么名贵，却也颇有田园和民间的风味。顺便说一句，名贵的菜不一定都是鲜美的，只是因其有名或价钱贵而已。烹调是一种艺术，艺术切忌粗制滥造，但也反对矫揉造作，热衷于原料的高贵和形式主义。

近年来，随着人民生活水平的提高，旅游事业的发展，经济交往的增多，苏州的菜馆生意兴隆，日无虚席。苏州的各色名菜都有了恢复与发展，但也碰到了问题，这问题不是苏州所特有，而是全国性的。问题的产生也很简单：吃的人太多。俗话说人多没好食，特别是苏州菜，以精细为其长，几十桌筵席一起开，楼上楼下都坐得满满的，吃喜酒的人像赶集似的拥进店堂里，对不起，那烹饪就不得不采取工业化的方式了，来点儿流水作业。有一次，我陪几位朋友上饭馆，饭店的经理认识我，对我很客气，问我有什么要求。我说只有一个小小的要求，即要求那菜一道道地下去，一道道地上来。经理无可奈何地摇摇头："办不到。"所谓一道道地下去，就是不要把几盆虾仁之类的菜一起下锅炒，炒好了每只盘子里分一点，使得小锅菜成了大锅菜。大锅饭好吃，大锅菜却并不鲜美，尽管你是炒的虾仁或鲜贝。

苏州菜的第二个特点便是新鲜、时鲜。各大菜系的美食无不考究这一点，可是这一点也受到了采购、贮运和冷藏的威胁。冰箱是个好东西，说是可以保鲜。这里所谓的保鲜是保其在一定的时间内不坏，而不能保住菜蔬尤其是食用动物的鲜味。得月楼的特级厨师韩云焕，常为我的客人炒一道虾仁，那些吃遍中外的美食家食之无不赞美，认为是一种特技，可是这种特技有一个先决条件，那虾仁必须是现拆的，用的是活虾或是没有经过冰冻的虾。如果没有这种条件的话，韩师傅也只好抱歉："对不起，今天只好马虎点了，那虾仁是从冰箱里拿出来的。"

看来，这吃的艺术也和其他的艺术一样，都存在着普及与提高的问题。饭店里的菜本来是一种提高，吃的人太多了以后就成了一种普及，要在这种普及的基础上再提高，那就只有在大饭店里开小灶。由著名的厨师挂牌营业，就像大医院里开设主任门诊，那挂号费当然也得相应地提高点。烹调是一种艺术，真正的艺术都有艺术家的个性和独特的风格，集体创作与流水作业会阻碍艺术的发展。根据中国烹饪的特点，饭店的规模不宜太大，应开设一些有特色的小饭店。小饭店的卫生条件很好，环境不求洋化而具有民族的特点。像过去一样，炉灶就放在店堂里，文君当垆，当众表演，老吃客可以提了要求，咸淡自便。那菜一道道地下去，一道道地上来当然就不成问题。每个人都可以拿起筷子来："请，趁热。"每个小饭店只要有一两道拿手菜，就可以做出点名声来。当今许多有名的菜馆，当初都是规模很小；当今的许多名菜，当初都是小饭馆里创造出来的。小饭馆当然不能每天办几十桌喜酒，那就让那些喜欢在大饭店里办喜酒的人去多花点儿气派钱。问题是那些开小饭店的人又不安心了，现在有不少的人都想少花力气多赚钱，不花力气赚大钱。

苏州菜有着十分悠久的传统，任何传统都不可能是一成不变的。这些年来苏州的菜也在变，偶尔发现有川菜和鲁菜的渗透。为适应外国人的习惯，还出现了所谓的宾馆菜。这些变化引起了苏州老吃客们的争议，有的赞成，有的反对。去年，坐落在察院场口的萃华园开张，这是一家苏州烹饪学校开设的大饭店，是负责培养厨师和服务员的。开张之日，苏州的美食家云集，对苏州菜未来的发展各抒己见。我说要保持苏州菜的传统特色，却遭到一位比我更精于此道的权威的反对："不对，要变，不能吃来吃去都是一样的。"我想想也对，世界上哪有不变的东西？不过，我倒是希望苏州菜在发展与变化的过程中，注意向苏州的家常菜靠拢，向苏州的小吃学习，从中吸收营养，加以提炼，开拓品种，这样才能既保持苏州菜的特色，而又不在原地踏步，更不至于变成川菜、鲁菜、粤菜等等的炒杂烩。

如果我们把烹饪当做一门艺术的话，就必须了解民间艺术是艺术的源泉，有特色的艺术都离不开这个基地，何况苏州的民间食品是那么的丰富多彩、新鲜精细，许多家庭的掌勺人都有那么几手。当然，把家常菜搬进大饭店又存在着价格问题，麻酱油香干拌马兰头，好菜，可那原料的采购、加工、切洗都很费事，却又不能把一盘拌马兰头卖个二十块钱。如果你向主持家政的苏州老太太献上这盘菜，她还会生气："什嘛，你叫我到松鹤楼来吃马兰头！"

【作者：陆文夫】

一、文章分析

1. 为什么人们评说苏州菜有三大特点？

2. 请简要概括苏州菜的内涵。

3. 如何理解"烹调是一种艺术，真正的艺术都有艺术家的个性和独特的风格，集体创作与流水作业会阻碍艺术的发展"？

第十三单元

文章一　现代的灯

文章二　流萤趣语

文章二　地名的启迪

文章四　三寸不烂之舌

D I　　S H I　　S A N　　D A N　　Y U A N

文╲章╲一

现代的灯

灯是征服黑夜的勇士。在光的世界里，它的工作非常重要，没有它，就没有光明灿烂的现代文化。

古老的油灯以及旧式的煤油灯、汽油灯和煤气灯等，现在都逐渐地退出灯的舞台了。但是，在小城市和乡村里，人们仍旧用它们来照亮房屋和街道。

这些有火焰的灯，都不能保火险。尤其是汽油灯，它的着火点很低，容易引起火灾；而煤气里含有一氧化碳，会发生煤气中毒的事故，这不能不使用灯的人格外担心。

在不到一个世纪以前，在征服黑夜的斗争中，电灯发明；这个发明，开辟了灯的历史的新纪元。

最初的电灯，是用竹炭丝制成的。工人们把竹炭丝装在玻璃泡里面，抽走空气，接上两根铜线，通过电流，这个电灯泡就发亮了。下半泡必须完全是真空的，不这样，竹炭丝就会烧掉。

这种电灯泡是有严重缺点的，它的光亮越点越暗，它的灯丝容易烧断。尽管如此，当它初次露面的时候，还是很受欢迎的。

在今天，电灯泡的式样何止几千种。最常见的是用钨丝制成的，它的大小和式样层出不穷。钨丝是一种白色的金属，能耐高温，不易熔化。烧到白热的时候，它会挥发出一种气体，凝结成不透明的薄膜，分布在玻璃壁上；钨也和铁一样，在有氧气的情况下，就会立刻烧红。

为了克服这些缺点，人们把它密封在玻璃泡里面，赶出空气，装进氮和氩的混合物。这样，就能保证钨丝不被烧坏，也不易挥发了。

电灯泡无论多么光亮，烧到白热的时候，总免不了要发射许多热线和红光线。红光线是很伤眼睛的，而热线在这里没有什么用处。它们的存在，对于电力是一种浪费。

能不能把光和热分开呢?

科学家在萤火虫身上找到了这种现象。经过许多人的努力研究，荧光粉得以发明。

荧光粉是一种会发光的物质，当它接受了光源的照射之后，就会发出冷而静的光。把它涂在玻璃管的内壁，然后，把这个长形的玻璃管的两头密封起来，赶走空气，放入氩和氮的气体和一点水银，在接通电流的时候，水银变成了蒸汽，而放射出紫外光线和一些蓝色的光线。这些紫外光线，就是玻璃管里的光源，当它射到荧光粉上面的时候，就会发出明亮的光辉。

这种灯人们叫做日光灯。因为不含有红光线，所以它的光是很温和的，不伤眼睛；因为不含有热线，所以它用起来比较省电；它也会发出许多美丽有色的光，这就要由荧光粉里所含的化学药品的性质来决定了，例如涂上钨酸镁的，发蓝白色光，涂上硼酸镉的，发淡红色光。

应当小心，如果日光灯的玻璃管子破裂了，危险就发生了。那荧光粉的灰尘是有毒的，如果吸入鼻孔里，它会严重伤害你的肺部；如果玻璃管的碎片割伤你的手，那荧光粉的粉末跑进伤口，伤口就会烂了，很难治好。

不用荧光粉也能发光吗?

在现代灯的行列中，还有各式各样的蒸汽灯。这些蒸汽灯，都是由密封在玻璃管里的各种蒸汽通过电流而发光的。它们的构造，有点像日光灯，也能省电。这些蒸汽灯都有它们的特殊用途。

水银蒸汽灯，是蒸汽灯里最好的一种，它的光带点蓝色的白光。这种灯在照相馆里，在工程师的设计室里，以及在布厂和纸厂里，都得到了广泛的应用。

水银蒸汽灯又是制造紫外光线的专家。大家知道，紫外光线是有强大的杀菌力量的。在它的照耀下，七八分钟就可以杀死最顽固的结构菌。紫外光线对于人体，除了有促进新陈代谢和增强抵抗力的功用之外，还能在人身上制造丁种维生素。丁种维生素是制造骨头的技师，没有它，小孩就会得软骨病，大人就会得坏骨病。所以这种蒸汽灯常常被请去参加治病和消毒的工作，在各大医院和托儿所里，都少不了它。因为它是被拿去当做太阳光使用的，所以又叫做太阳灯。太阳灯的灯管，都是用石英制成的，这是因为医疗用的紫外光线不能透过普通玻璃，而只能透过石英。

还有一种蒸汽灯，叫做钠蒸汽灯。它会发出柠檬色的黄光。它所发出的光很强，耗费的电力却很少。但是这种灯光不适于户内照明，因为它所照出来的颜色不正常；而在街道和公路上，它是最好最亮的灯光，而且也是最便宜的一种。

现在我们谈到五光十色的霓虹灯了，这是征服黑夜的战斗中最奇异的一幕。美丽夺目的霓虹灯是广告事业的有力助手。一般霓虹灯管装的是氖气，因此，这种灯又叫做氖气灯。其实氖不过是其中的一种，氖所发的光是红黄色的。还有各种蓝色的光，有的是由氙气发的光，有的是氖和氩发的光，有的是氖和水银蒸汽共同发的光。至于其他各种颜色的光，那要归功于有色玻璃。

这些美丽的灯光，装饰在建筑物上面，就会使都市之夜闪烁着千万道灿烂的光辉。

除了这以外，氖气管又是一种重要的交通灯。它的红光能穿透浓厚的雾，可以给轮船、飞机、火车和汽车指引方向。

灯对人类的贡献真不小。

【作者：高士其】

一、根据文章内容选择正确答案。（从 ABCD 中选择一个最佳答案）

1. 下面关于“灯”的说法，哪一项是正确的？（　）

A. 没有它，就没有光明灿烂的现代文化

B. 有火焰的灯，就能保火险

C. 电灯泡的式样最常见的是用竹炭丝制成的

D. 钠蒸汽灯是蒸汽灯中最好的一种

2. 关于水银蒸汽灯，下列说法不正确的是（　）

A. 不用荧光粉也能发光

B. 是蒸汽灯中最好的一种

C. 水银蒸汽灯的光之所以带点蓝色的白光，是因为涂上了钨酸镁

D. 水银蒸汽灯可杀菌

二、根据课文内容，进行连线

水银蒸汽灯	街道和公路上，它是最好最亮的灯光
钠蒸汽灯	装饰在建筑物上面，闪烁着千万道灿烂的光辉
霓虹灯	重要的交通灯
氖气管	得到了广泛的应用

三、文章分析

1. 为什么说“在不到一个世纪以前，在征服黑夜的斗争中，电灯发明；这个发明，开辟了灯的历史的新纪元”？

2. 作者在文章中详细描述了不同种类的灯，这样写的用意是什么？

文\章\二

流萤趣语

夏夜，在草丛和田野，小小萤火虫有如流星般飞来飞去，这是雄萤在向雌萤发出求爱信号，倘若雌萤见后作出相应的反应，雄萤便飞来幽会，欢度它们一年一度的蜜月。

世界上的萤火虫多达千种。在美国佛罗里达州草原上，有一种雌萤，能模拟别种萤火虫的求爱信号，把异种雄萤引诱过来，然后加以歼灭。为了获取繁衍中的优势，有的雄萤会用突然的闪光打断其他雄萤的“光语”，或者干脆发出与竞争对手相似的同步闪光，以离间它们的热恋，这种求生存的争夺是相当激烈的。因为大多数雌萤从隐藏的地方出来，进行交配的时间只有六分钟，而雄萤通常要花一个多星期才能找到一个理想的妻子。

一只萤火虫所发的荧光是微弱的，可是千万只呢？在牙买加，当盛夏的夜晚繁星满天时，成千上万只萤火虫聚集在高大的棕榈树上，不时地发光，远远望去，整棵树上金光闪烁，在六七百米外，也能看到萤光同群星争辉的壮观情景！更为有趣的是泰国的萤火虫了，那儿的萤火虫大批地集结在沿海的树木上，每分钟闪光达 120 次。数以百万计的点点萤光，以相同的节律一起闪现，一起熄灭，形似夏夜的闪电！

闪烁的流萤除了给大自然带来诗情画意外，它那特有的光能不能产生实际用途而造福人类呢？

最近，美国一位叫戴路卡的生物化学家，在这方面获得了重大的突破。她先将萤火虫体内的光源物分离出来，再将这种光源物单性繁殖成菌体，

从众多的数以亿万计的菌体中获得了一定量的离体发光“萤光物”。然后，她将这种萤光物给癌症病人服下，谁知竟然粘附在癌组织上，发出一束束晶莹的光芒。接着她和研究人员通过一种特制的放射机一照，居然可见到癌组织长在哪个部位，并可描绘出它的大小形状和所波及的范围，由此减少了以往那些复杂昂贵而痛苦的检查。

【作者：肖奇国】

一、文章分析

1. 萤火虫的夏夜有什么奇观？

2. 第四自然段在文章结构上起什么作用？

3. 利用萤火虫诊断癌症的程序是什么？

文／章／三

地名的启迪

地名与科学，看上去是两码事，______。地球上数以亿万计的地名，是一部包罗万象的大百科全书，不同学科从不同角度，用不同方法，都能为自己的研究领域寻觅到释疑的钥匙。

考古学家珍视地名。我国历史上不是有个夏朝吗，长期以来，一直找不到物证。1977 年，考古学家在河南登封县（现登封市）以一个叫“王城岗”的古迹地名为线索，从当地挖掘出城墙基槽，经用碳 –14 测定，证实这是夏朝遗址。

历史学家也珍视地名。前一阵子，台湾有一股探源寻根热，据他们统计，台湾以大陆闽、粤等地乡村命名的祖籍地名共有 86 个，通过语源、历史探究，他们说，台湾与大陆存在着密不可分的血缘、地缘关系，我们的根深埋在五千年来孕育着________的泥土中。

研究宗教也用得上地名。四川省安岳县有一“卧佛沟”，光听名字，就很__________________。后来当地人发现，这里果真有一尊巨大的石佛，是盛唐时期的释迦牟尼涅槃①摩崖石刻造像，更令人惊喜的是，同时还发现 40 多万字的佛经。

地名是人类社会活动的产物，研究它不仅能窥见人类开发史的面影，同时也是探索自然科学的例证。

燕山地区矿产资源十分丰富，地质工作者发现，这里许多资源地名确实__________。就拿金矿来说吧，河北省有金矿 20 多处。其中很多金矿就是在金石峪、砂金沟、酒金沟、金宝沟等地普查找到的。

研究地名，可以逐个探讨，当然也可以按其线条状分布求索。在江苏地图上，如果把海州、海滨、海安、海门、上海等地名连成一线，与今天的海岸线大体平行。据史料记载，一两千年前，这一带还常受海潮侵蚀。今天这条线虽已远离茫茫大海，但当年以海岸特征命名的水域地名，却给我们留下了研究古海滨位置和海岸变迁的例证。

研究块片状分布的地名也很有意思。在北京地区轮廓图上，把所有植物地名填上去，就成了“植被图”。进一步研究会发现，在这幅图上，森林密度大，分布广，而且以松树为主。这与明嘉靖年间以前的情景相吻合。如果再把“虎叫”“豹峪”“熊洞沟”“鹿叫”等动物地名填上去，这幅图就更有生气了。当然，联想古今北京地区的环境变化，也更________了。

【作者：姚顺滨】

① 涅槃（niè pán）：也叫圆寂，佛教用语，指幻想的超脱生死的最高精神境界。后来也称佛逝世为涅槃，一般僧人逝世为圆寂。

一、给文章空格处选择适当的词语填上去。

A. 炎黄子孙

B. 名副其实

C. 其实不然

D. 发人深省

E. 耐人寻味

二、根据文章内容填空。

考古学家珍视地名，是因为他们能根据地名找到________________，历史学家珍视地名是因为他们通过语源、历史研究能够找到________________，研究宗教的人员根据地名找到了________________，除此之外，地质工作者还根据地名找到________________，根据地名线条状分布还给我们提供了研究________________。

文＼章＼四

三寸不烂之舌

平原君赵胜的门客毛遂，凭自己的勇敢和辩才说服楚王，拯救了赵国。平原君从此刮目相看："毛先生以三寸之舌，强于百万之师！"这故事出自《史记》。后来人们便用"三寸不烂之舌"形容极善言辞、口才出众。

那么，舌长是三寸吗？这个问题很难回答。因为舌头能伸能缩，舒卷自如，倘若用力将舌头伸出口外，长度显然超过三寸。况且古代的尺寸与现今差异很大，所以"舌长三寸"，不过是形容它短小，并非实数。

舌头所以能随意伸缩，是因为它的肌肉极为特殊。舌肌属于随意收缩的横纹肌，在舌内分有几层，按不同方向分布，互相交织。依据肌纤维方向可以分出三种舌肌：舌纵肌、舌横肌、垂直肌。此外还有连接下颌骨、舌骨、颞骨[①]的三对"舌外肌"。这一大群舌肌配合默契、步调一致，不仅可以随时改变舌头的形状和位置，而且伸缩吞吐，灵活自由，翻卷上下，迅速准确。它帮助人类发出娓娓动听的话语，唱出婉转悦耳的歌声。

舌头感受味觉的功能，更为人所重视。如果没有舌头向人们报告各种食品的味道，那么古今中外的许多美酿佳肴，全都味同嚼蜡了。人的感受味觉的"味蕾"，主要分布在舌头背面，尤其是舌尖部分和舌侧面。此外，在口腔黏膜上，会厌、咽后壁、软腭等处也分布有少数味蕾。感受甜味的是舌尖；感受酸味的是舌侧面；感受苦味的是舌根；感受咸味的是舌前两

① 颞骨（niè gǔ）：属于颅骨中的脑颅骨，共两块，左右各一。

侧面。

更为有趣的是，舌头犹如一面镜子，能够反映出身体内部的疾病。舌头上面生有很多乳头状的小突出物，称为“舌乳头”。舌乳头有大有小，体积最小、数目最多的是白色的丝状乳头，它布满舌头上面，宛如贴了一层丝绒。它们不断脱落下一些上皮细胞，与食物残渣、细菌混合在一块，粘附在舌头表面，形成一层“舌苔”。健康人的舌苔薄白而洁净。人生了病，舌苔可能发生变化。“辨舌质可知五脏之虚实，验舌苔可断病邪之深浅。”这种诊病方法称作“舌诊”。我国远在公元前二三百年，就掌握了舌诊方法，这是“三寸不烂之舌”在医学史上建立的另一奇功！

【作者：陈日朋】

一、文章分析

1. 请简要概括舌头的作用。

2. 作者为什么要在文章第一段引用“三寸不烂之舌”的典故？

第十四单元

DI SHI SI DAN YUAN

文／章／一

冬荷

初冬时节，漫步天水藉河风情线生态公园，景色较往日单调了许多，倒是湖中的一方冬荷吸引了我的眼球。

这片冬荷位于人工湖的中央，不大，五六分的样子，近岸边一溜儿稀疏的芦苇随风摇曳。寒冷的冬季，渐失生命的冬荷，莲蓬高挑，临寒水而立，风骨傲然。枯萎的叶片平铺水面，叶片间伸出的茎干，或直或弯，杂乱如竹栅。茎干打了折的荷叶倒扣水面，像一座座建立于水面银滩之上的房舍抑或是一座座小的山丘，赫色苍然，碎碎零落。偶尔不知名的小鸟巧立荷的茎干之上，弯弯的茎干上下起落，划出道道优美的弧线，让人心情荡漾。

湖面尚未结冰，水面依旧泛着波光。黑色的小野鸭在铺开的叶片间灵活地穿行，身后是一束渐次散开的波纹，旁边枯萎的叶片似乎微微在动，宁静的湖面仿佛一下子生动了许多。忽然想起“采菊东篱”写的一首仿古诗《冬荷》：落尽娇娆风骨存，天明水静几幽痕；我来池畔林花远，且伴冬荷共客尘。此情此景，更是相得益彰，再恰当不过的了。

这方冬荷，不知他人如何，倒是让我裹步不前了。古往今来，对于荷花文人墨客已是颂歌旦旦。“小荷才露尖尖角，早有蜻蜓立上头。”“接天莲叶无穷碧，映日荷花别样红。”“荷叶五寸荷花娇，贴波不碍画船摇。”春天的萌芽，夏天的葳蕤[1]，秋天的幽怨，景致分明。唯有冬天的傲骨有

① 葳蕤（wēi ruí）：草木茂盛、枝叶下垂的样子。

着文人墨客涉及不到的震撼，在凛冽冬日里蓄势待发，春风来时萌芽蓬勃。这也许就是冬荷形似枯槁，却如此泼实坚守的力量和渊源。

荷、莲同名。莲，花之君子者也。莲之高雅，在于其内在的品质。宋周敦颐《爱莲说》有“予独爱莲之出淤泥而不染，濯清涟而不妖，中通外直，不蔓不枝，香远益清，亭亭净植，可远观而不可亵玩焉”。唐孟浩然《题大禹寺义公禅房》曰“看取莲花净，应知不染心”。古人早已道出了莲花独有的高雅品质。莲花自古以来是善和美的象征。“一品青莲若为官，风光霁月伴清廉。世人都学莲花品，官自公允民自安。”百姓爱莲，是希望为官者，能如莲一样品格正直，胸怀坦荡。

荷之一生，不为名利而动，不为环境所染，不为趋势而变，不为取悦而媚。

荷花，淡雅清香，品性高洁，浑身是宝。除观赏价值外，还具有食用价值和药用价值，现实生活中人们更是赋予莲花深刻的内涵。慈悲为怀的佛界，莲花代表了清静、无染、光明、自在和解脱之祥瑞。民间，与莲有关的说法就更多了。比如“并蒂莲”，象征着百年好合、永结同心，用来比喻美好的姻缘和纯洁的爱情。“莲子”寓意多子多孙，子孙满堂。取子的“莲蓬”则包含了路路通和顺达之意。前蜀李珣《南乡子》“乘彩舫，过莲塘，棹歌惊起睡鸳鸯。游女带香偎伴笑，争窈窕，竞折团荷遮晚照”，描写的是南国水乡少女春游莲塘的一个俏丽的生活场景，是丽人与荷花互动的有趣再现。

荷之一生，美到极致，雅到极致，优到极致。

冬荷，即使在萧瑟的冬天，也还保持着一种向上的姿态。在我看来，冬荷，形似枯萎，却是有生命的。这种生命的延续，是生命鼎盛过后阶段性的静养和蓄积。今天，我偶遇荷池，一睹冬荷的风采，惊喜之余，倒是总莫名地担忧起来了。倘若再过几天，冬雪降临，湖面封冻，冬荷又是怎样一番景致呢？那些圆圆的平展贴面的棕色枯叶会不会和冰雪一起消融？那些低垂或挺立的莲蓬能不能承受风雪的重压依然亭亭玉立，一枝独秀？那些让人眼前一亮心波顿生的景致会不会消失殆尽呢？不管怎样，万物荣枯相变，互为承启，生命的意义在于不同境遇下的坚守与绽放。这一切，冬荷神形兼共，让人心生敬仰。

冬来，荷在坚守；冬去，荷将萌发。

人当如荷，修品性，积善德，弘清廉，挺脊梁。人当如荷，虽枯犹荣，始终将生命站成一种姿态，勾勒一幅别样的景致。

【作者：张建平】

一、根据文章内容选择正确答案。（从 ABCD 中选择一个最佳答案）

1. 以下哪个不属于荷花的象征意义？（ ）

A. 象征百年好合、永结同心

B. 寓意多子多孙

C. 淡雅清香、品行高洁

D. 雍容华贵、圆满浓情

2. 关于冬荷，哪个说法是不正确的？（ ）

A. 冬荷，即使在萧瑟的冬天，也还保持着一种向上的姿态

B. 冬荷，形似枯萎，却是有生命的

C. 冬荷没有夏荷值得观赏

D. 冬荷和夏荷各有各的观赏价值

3. “予独爱莲之出淤泥而不染，濯清涟而不妖，中通外直，不蔓不枝，香远益清，亭亭净植，可远观而不可亵玩焉。”体现出荷花的什么品质？（ ）

A. 洁身自好，品行高洁

B. 雍容华贵

C. 不慕名利

D. 平易近人

二、文章分析

1. 作者在文中提到了荷的很多品质，你能找出来吗？

2. 你还知道其他关于荷的美好品质吗？

3. 自古以来有很多描述荷的诗句，除了文中所提到的，试着再找找吧。

文\章\二

烟雨天鹅湖

烟花三月，细雨纷纷扬扬，心情也变得潮湿起来。撑一把小伞，趟着烟雨，漫步天鹅湖，别有一番趣味在心头。

沿阶而下，眼前就是不一样的境界，徐徐漾开全景式姹紫嫣红的花鸟画廊。紫叶李不知何时遍地开放，像女孩裙上的碎花，煞是好看，而粉红的桃花更是夸张，在雨水的浇灌下越发耀眼，红透了半边天。鸟鸣枝头，香染湖畔，桃李争妍媲美，一片繁荣景象，弥漫于烟雨中。

天鹅湖西与匡河的衔接处有一桥，名曰缘惜桥，一扇一扇红色的门由几根铁链牵着，跨水而卧。成双成对的年轻男女多迷恋于此，依依不舍，相信走过此桥会更加珍惜缘分，珍惜好姻缘。迷蒙烟雨下，静谧悠远，偶尔有人游过，匆匆而去。

湖南岸，道路层次分明，立体感很强，蛇行蜿蜒。靠近湖边的是垂柳边的一条窄道；再往上是一条大理石铺就的宽道，中间镶嵌各色图案，以鹅卵石垒成；最上边则是一块块青石铺成的路，穿行于各色花草间，让游客走在不同的路上，从不同的角度，用不同的视角，欣赏不一样的风景，体验不一样的风情。

临水而立的一片海棠舒放纯洁华美的秉性。再往前行，一大片紫荆火焰一样绽放，十分的耀眼。旁边的蜡梅花凋落，偶有一两朵黄花还挂在枝头，不忍离去，许是留恋这三月的烟雨吧。放眼前方，几株梨树花开得灿白，梨花带雨，更为妖娆，虽没有“千树万树梨花开”的景象，在一排刚打着花骨朵儿的晚樱衬托下，也是一处绝好的景致，美不胜收。

经过一个冬季的消耗，天鹅湖憔悴了许多，沿岸的鹅卵石裸露水面，瘦骨嶙峋，但天鹅湖的魅力依然不减。和风吹拂，垂柳婆娑，轻轻擦过脸颊，感受到温润凉爽的春天气息。几位游泳爱好者在湖中畅游，他们爱上天鹅湖的水，日日来此，春夏秋冬，常游不辍。

烟雨下的天鹅湖，碧波微漾，迷迷蒙蒙的，呈现一种特有的朦胧美。宋代文学家苏轼描绘西湖景色："水光潋滟晴方好，山色空蒙雨亦奇。欲把西湖比西子，浓妆淡抹总相宜。"杭州的西湖若是美女西施的话，那么合肥的天鹅湖就酷似一位具有现代时尚特色的骨感美女了，尽显袅娜妩媚之姿。天鹅湖虽没有西湖的苏堤白堤，没有青蛇白蛇的故事，没有雷峰塔的故事，但天鹅湖注入更多的时尚元素，现代，新潮，不失为优雅的知识女性。拥巢入怀，大合肥不乏厚重的文化底蕴和人文景观，历史上涌现出周瑜、包拯、李鸿章、张树声、刘铭传、段祺瑞、冯玉祥、张治中、李克农、杨振宁等历史人物和科学家。

天鹅湖有多美，有多时尚，看看湖周边的景观建筑，你就知道。湖北岸，市政府双子楼巍然耸立，环伺左右的，有天鹅湖大酒店、安徽日报报业集团、安徽省检察院、绿地集团、华邦世贸城、赖少其艺术馆、红星美凯龙、新城国际、蔚蓝商务港、万达广场、合肥广电中心；合肥大剧院造型别致，更具文化特色，静若处子，横卧水之湄，任凭风吹雨打不动摇。烟雨笼罩下的景观，由近及远，颜色由深变浅，以至朦胧隐约，层次感极强，好似一幅水墨山水画。

湖南岸，匍匐岸边的是寓意龙凤之舞的高大建筑，巍然挺立，呈现龙腾盛世，凤舞九天之势，有很强的象征意味和文化气息，此乃安徽广电中心，它拥有亚洲最大的演播大厅。云雾缭绕的主楼上部，不见顶部风光。东边是新地中心，西边是安徽出版集团，一边是商业味颇浓的城市综合体，一边是文化味颇浓的书香世家。再向南就是华润凯旋门、置地广场、安徽省博物院、五十中新区、合肥奥体中心；湖西有兴泰广场、安徽省商务厅、中国联通、安徽省供销合作社、李克强总理母校——合肥八中，构成天鹅湖南岸、西岸独特的商业、文化景观。

以前，这里或许是数条沟渠、几滩荒地、一片农田，十多年大建设，合肥政务区奔涌着火一样的建设和发展激情，天鹅湖华丽蝶变，景区日新月异，繁花似锦，可谓是沧桑巨变。这里是改革开放的产物，这里是合肥大建设的见证，这里是中部崛起的象征，这里是中国梦的缩影；如今，天鹅湖所在的合肥政务文化新区成为集行政办公、文教体育、金融商贸、旅游度假、居住休闲功能为一体，独具人居生态特色的魅力新区、

时尚之城，已发展为省会合肥新的政治经济中心和商业文化中心。

烟雨中的天鹅湖，一步一景，梦幻轻巧，情调各异，堪称人间仙境。人在画中，水在心中，景在梦中，来者不必惊叹。无论走到哪里，你都是春天百花的中心。只要一抬头，就瞧见玉兰花灿白、殷红，在烟雨中激情绽放，而香樟树越发郁郁葱葱，让人流连忘返。

天鹅湖，春有兰之清雅，夏有竹之高洁，秋有桂之浓香，冬有梅之傲骨。这里是花草的世界，这里是色彩的海洋，这里是诗意合肥的水墨画；这里涌动着生机勃勃的大潮，这里凝聚着创业者的心血和汗水。天鹅湖是合肥改革开放的一方热土，是合肥大建设的标杆，是建设者们用如椽巨笔在荒滩水泽绘就的一幅反映改革开放伟大成就的山水画卷，是新时代繁荣昌盛的清明上河图。

【作者：魏泽清】

一、文章分析

1. 作者文中有很多描写花朵的地方，你能找出来吗？

2. 文章第二段描写蜡梅运用了什么修辞手法？你能模仿着造句吗？

3. 这篇文章表达了作者怎样的思想感情？

文╲章╲三

落日

人们常常把人生比作一次旅行，途中经历的人和事，就是生命中美好的风景，启迪和生动着我们的生活。这是不错的，以我的经验，有些景致是必须在旅途中才能深刻体会的。无论沧桑、洒脱，还是凄婉、缠绵，都能使人心在刹那间升华，生命也因此放出璀璨的光彩。

去年暮秋的一天，天色格外晴朗，我起了个大早，乘车到三百多公里外的小镇看一个朋友。尽管事先已经约好，可到小镇的时候，她却因为一件突发的重要事情在同一时间去了另外一个地方，连给我打声招呼都没有顾上。等了一天，她也没有回来，我只得怏怏而归。事情如此不凑巧，实在叫人遗憾，心情也变得阴郁、沉闷起来。车往回走，正对着西天。我在冷风里睁开迷蒙的双眼，无意间看到了那轮斜阳，心顿时被紧紧抓住。

车开得飞快，仿佛在向太阳中心飞驰，周围的云霞，被萧萧的晚风吹动，向我们身后快速退去。在苍茫的背景中，斜阳昏暗、孱弱，是一种凄艳、冷清的惨红，仿佛一点庞大的血滴，夹在天地感伤的唇间，四边弥散着一种淡淡的惆怅和哀愁。也许，是大自然也在咯血了。此刻天有病，人知否？其实谁知道呢？通常人们都喜欢在黎明登上高山眺望日出，艳慕那奔涌而出的蓬勃气势，独独忽视了深秋黄昏薄暮中，落日的凄清和荒凉啊！也许，能知道的只有那西天的云海，捧出满腔真情挽留着行将逝去的落日。我心底忽然涌起不知谁的一句诗来：落日悲壮得像英雄的感叹。其实，在大自然面前，无论多么英雄的人类也是卑微的，所以这样悲壮的感叹，是

人类远远不能企及的！这样的悲壮，只有伟大的造化才配拥有，涵盖着人世间所有的悲凉和苍茫，在万物的宿命与缘分中永远流传！

车行五十余里，峰回路转，又向东而驰。我们开始背离太阳，仿佛从落日中心射出的箭，像归心一样迅疾。已看不见落日，只看到橘红色的霞光，洒在天地间，像笼罩着轻纱的梦。风声如箫，大地肃穆，世间万物皆被一种洪荒时代才有的古朴浸润，我的心也变得古典缠绵。没有谁配打破这种来自亘古的寂静，在晚秋的黄昏，万物脱去喧哗和骚动，只配在世间默默行走！

一时间，我沉闷、阴郁的心情变得宁静、空明，眼里渗出一滴安详的泪。车在走，我的心也在时光的隧道里沉浮。大自然造化神秀，将此凄艳美景献给人间，天地待人可谓不薄！只是，很少人能用一种博大的胸怀与宏壮的气势来体会晚秋落日所带给人的感动。通常我们都生活得过于表面，很少有机会触动情感，所以渐渐麻木。能有一份苍凉，也证明我们是在真正地活着！我真有些感激这次旅行了，让我有机会如此深切地体会这种生命的最深刻的滋味！

晚风吹得有些劲了，天也暗下来，夜色不请自来。环顾四边，薄薄的暮色中，归家人行色匆匆，神情苍凉，像我一样急切和渴望！

【作者：安杰】

一、文章分析

1. 作者由落日引发出了什么感触，你能试着描述一下吗？

2. 试着概括文章的主要内容。

3. 这篇文章对你有什么启示？

文／章／四

雨天

雨天是寂寥的，寂寥的雨总是迷漫着一种湿漉漉的情调。

雨天是恬淡的，恬淡的雨总是飘洒出一片雾蒙蒙的感觉。

这样的雨天里，百无聊赖时，想想那雨也是很有情趣的事情……

想那苍翠的山罅[①]里撒野的雨，明丽的水泽中温柔的雨，青青的草原上广阔的雨，茂密的树林间喧闹的雨。

想那纷乱的大街上忙碌的雨，静谧的小巷里慵倦的雨，火红的雨伞下爱恋的雨，母亲的怀抱中温暖的雨。

想那凄凄的村口送别的雨，高耸的楼台上盼归的雨，旅途的车窗里孤独的雨，他乡的客栈中思乡的雨。

想那乡下人眼里企盼的雨，都市人脸上讨厌的雨，姑娘们秀发间妩媚的雨，小伙们光膀上潇洒的雨……

雨淋灭了飞扬的尘埃，喧闹的车器，忙乱的人群；雨淋灭了嘶哑的歌声，浅薄的灯红，无聊的酒绿，给世界一个清醇，给生活一片甜润。雨飘来点点真情，滋润着土地，也滋润着心灵，让不会写诗的人顿生一点诗情，不懂音乐的人也想听一曲琴声。

这样的雨天里，想想这雨中的一些情景，的确是很美的事情。

而在这样的雨天，一个人到僻静的地方随意走走，则会另有一番情味。

---

① 罅（xià）：裂缝。

伞可以带着，但不到大雨瓢泼的时候最好不要打开，一任霏霏小雨飘飘洒洒地自我们头顶而来，自我们心间而来，自我们疲惫的精神缝隙而来，自我们忙碌的虚伪应酬而来……

吹开清凉，洒下惬意；飘散烦闷，拥抱闲适。把干巴巴的日子撇在身后，把热烘烘的忙碌撇在身后，把火炎炎的浮躁撇在身后……

我们就在这呢呢喃喃的雨中彳亍[②]独行，长长地独行。

天是湿漉漉的，地是湿漉漉的，远远近近，里里外外，全是一片潮润的空气，清醒的感觉，宽适的舒坦。不知不觉中，从前那些枯黄的情感就兀然泛绿，生命已不由地在这淋淋漓漓的雨幕中吐出纯洁的新芽，接受自由的沐浴，情感陡然间也不禁湿漉漉地翻腾开，穿越这醉人的雨幕，轻松地去飞翔……

独步在这样静谧而美妙的雨中，肯定没了烦躁和惆怅，没了兴奋和自得，一颗心全然安安静静、平平和和的，宛若一颗透亮的小雨点。也肯定不再埋怨生活里的一些不平，不再庆幸命运施舍来的那点独钟，其时其境，只想去寻找一个实实在在的自己。

淋着霏霏小雨，身上的浮尘被洗涤，心中的浮尘也被洗涤，一切都已没有必要再回首，只有往前看。一直往前看，前面的路才会越走越宽！

---

② 彳亍（chì chù）：形容小步慢走或时走时停；犹疑不定。

我常常喜欢独步雨天，淋上一场飘飘洒洒的雨，我就会感到自己身轻如燕……

【作者：单振国】

一、文章分析

1. 作者在描写雨时用到了很多排比句，你能找出来吗？你还知道其他的修辞手法吗？

2. 你有关于雨天的美好记忆吗？分享一下吧。

3. 作者对雨抱有一种怎样的感情？

第十五单元

DI SHI WU DAN YUAN

文＼章＼一

只为寻一树枣花

春来芳菲，夏来妩媚。我们的四季，被花草熏香包围。于是，无论哪个季节，我们都可以呼朋约伴，组团或自驾看花去。去婺源，去菏泽，去大明湖畔，去重庆，去扎兰屯看杜鹃花开。

我们有多爱花呢？为了心中的花海，我们不怕路途遥远。扪心自问，都是这些招摇的花朵，朵朵妖娆地呼唤你，蛊惑你。即使是恬淡的荷，和清幽的兰，也以它楚楚动人的眼神和裙袂对你发出邀请。

却有人悄悄地问一句，你看过枣花开吗？

枣花开？枣子我们是离不开的。枣糕，枣茶，枣干，枣粉，红枣牛奶。养生，补气血。做成哪种制品，都唇齿生香啊，让人离不开地爱。它的保质期又长，随取随用，一年四季都存在。

却少有人知道它的花期，看过它的花开。更不用提，几人为它真的致敬、赞美。它生于贫瘠僻地，却奉献着最高值。它的精神，甚至高于鲁迅先生笔下的羊群，不需要人间的一处窝棚，一把青草。

天为我屋，地为我床，五月山川为我桥梁。只要有能够立足的一抔土，风里雨里荒漠峭壁里，倔强地生长。它的生，只为了单纯的生，只为了中秋节我们唇边的一捧。寒暑里，我们杯中的香。是人类的忘恩负义吗？只知道索取果实的甜美，却不问出处。而我也是其一。

查下它的花期，是五六月份。还好，麦熟时节，我没有错过。于是下班后去寻找。

忽然记起，哪个路口拐角处有两棵。急匆匆奔过去，却只剩一棵了。孱弱的一棵，在那孤立着。强壮的那棵，也许是因为枝叶太繁茂，成为路口的安全隐患被砍掉了。

视线里的这一棵，依然平静地生长着，或者是孤独地生长着。走近了细看，果真开花，小小的、黄绿色的花朵。细瘦的筋脉擎着同样细瘦的身子，一样的色泽。也结了小小的果实，嫩嫩的绿，楞楞的青，在五月末的晚风里颤抖。

红通通的枣子就是它的成年吗？童年，青春，却多是孤独、清苦的。万物的生长和我们人类有着相同的命理。而通往成功彼岸的路都是一条。背后无法计数的隐忍、付出，还有我们吃的苦，捱的痛，收获的季节，只有我们自己心中有数。

相信付出和果实一定是成正比的，才铸就我们人生的高度。唉，熬吧，忍住泪，仰起头，扛起未知的风雨、雷电、暴晒和虫咬。通往金秋，是不可回避的。

如同注定的路，我们不会逃。或者，很多命运已经在我们降临这个人世时就被写好了。像那日，你救济了黄帝将士的饥渴；像那日，黄帝兴起，为你命名为枣；像那日，仓颉为你造字，取你偏旁里的多刺。

我们都是不甘于臣服的。感恩天地的孕育生养，感恩日月星辰的恩泽之光。即使上苍馈赠我一把贫瘠之土，我也会牢牢握住生存的一线机会，不怕输。

是的，不怕输。我们才有了底气，孑然一身依然敢对峙人世荒芜。才有了不需要繁花似锦的招摇谁，阿谀谁，收买谁的骨气。小小的花，其貌不扬的花，依然结出人间最甜的果。

【作者：李桂玲】

一、根据文章内容选择正确答案。（从 ABCD 中选择一个最佳答案）

1. 枣花的花期是几月（　）

A.1–3 月

B.10 月

C.8–9 月

D.5–6 月

2. 文章告诉了我们什么样的道理？（　）

A. 只有好看的花才值得观赏

B. 就算是朵其貌不扬的花，我们也要活出自己的价值

C. 枣对我们很重要，我们要重视它

D. 我们要变得强大才能被人看到

3. 作者为什么说枣的童年、青春，多是孤独、清苦的？（　）

A. 因为枣在“童年”时期容易被忽视，比起花朵人们更看重果实

B. 因为只有枣的果实才有价值

C. 因为生长环境恶劣

D. 因为花期跟其他花朵不一样

二、文章分析

1. 文章第三段在结构上有什么作用？

2. 文章中出现了很多叠词，如嫩嫩的绿、楞楞的青、急匆匆等，你还能想到一些其他的叠词吗？

3. 文章表达了作者怎样的思想感情？

文／章／二

随便为自己找个座位

当我们的自身价值发挥出来时，总会有一个位置，尽管我们并非渴求这些。

天底下，你活着，总会有你一个位置。

你在办公室，你在山中的茅舍里，你在火车上，你在公园的湖畔，你在豪华的别墅，你在街心的一角，你在舞台的中心，你在拥挤的观众中。总会有你的位置，无论这个位置是大是小，是重要还是平凡，但是，你总有一个位置。

你失去社会的位置，失去职业的位置，或是失去爱情的位置，但最终还会剩下一个大自然给予你的位置。只有当你最终离开人世，属于你的位置才消失。当然，这么去理解是非常消极的。

在人的一生中，位置十分重要，它是一个人终生奋斗的目标，甚至是人类繁荣发展的基本动力。

在原始社会中，人类刚从原始的动物状态进化出来，位置的问题，也就毫不留情地摆在生存的空间之上。如果你是酋长或部落统领，你的位置立刻显赫了。你瞬间与众不同，在物质上和精神上立即享有特殊的待遇。奴隶会羡慕苏丹的后宫，百姓会胆怯红色的宫墙，教徒会膜拜梵蒂冈的圣殿。

某种位置代表着权力，也是利益上及精神上的满足。在位置的争夺中，

演出了多少或残酷或惊险或诡谲[1]或奇丽或悲壮或忧伤或英武的故事。所有的历史为此而形成，所有的艺术为此而丰满，人类故而光怪陆离，不可理解而又能演绎得头头是道。

而另一种争夺则如水下的暗涌，表面亦如晴朗的天空，一汪平静的湖，那是精神领域中的追逐。一部书的诞生，一项科技的孕育，一种表演技巧的攀登，都在不断地变换着人与人的位置。

还有一种很有趣的现象，就是人与人之间情感的位置。也许，它属于天然的成分更多一些。但也不尽然，往往也充满了戏剧性的痛苦和残忍。

总之，争夺充满了人生各个层面。如果是单纯的争，气氛多半会是平和的，而如果是复杂的夺，就必然充满硝烟味。“两虎不同笼”“卧榻之旁，岂容他人酣睡”就赤裸裸地表现出人的特性和对位置的贪婪追逐。秦始皇游会稽、渡浙江时，项羽在路旁观看，立即说“彼可取而代也”就是这种心态的绝好写照。一个位置，有你无我。在今天的现实中，这种状况依然延续，大至总统、议员，小至一个科长的位置，也莫不有幕内幕外的故事，东西方皆如是。

中国人对位置看得更重，更偏狭，甚至座位、座次都斤斤计较。《水浒传》里的卢俊义未入梁山泊前，第二把交椅只能空着；中国人吃饭，座席也分出主次，马虎不得。这种观念，渗透到生活中每一个细微的毛孔。

位置的问题，使我们本来就不轻松的生活中，平添了许多疲累。

漫步在大自然的怀抱，徜徉于潺潺流水声，我常常为大自然的和谐感动。各种奇丽的鲜花径自开放，它们占有自己的位置，却无意于身旁的鲜花。各种伟岸的树生长着，它们都保持一定的距离，它们的根须互相渗透。当然，在动植物界也还是有个天然的生态平衡，但那是为大自然所选择的。

---

① 诡谲（guǐ jué）：奇异多变。

我们能否更向自然靠近呢？随着人类从童年走向青壮年（在地球的46亿年中，人类社会毕竟才几千年啊）这样庄严的时刻，我们这般高意识的生物总该更懂得如何处理自身的弱点。至少，我们可以化干戈为玉帛啊。

作为一个人，我们存在了，就有存在的权利，也就有占一个位置的权利。

但是，我总在思索，怎么才能更轻松更和谐地生活。

其实，我们只需找到一个支点，找到内心平衡的支点。这就是说，重视自己，发展自己，但不去争夺什么位置。只要你自己感到舒畅，什么位置都是可爱的。你上班八小时有自己的位置，八小时以外你有一个更宽阔、更随意的位置。这不是号召退归山林，与世无争，而是真正认识自己，选择自己的方向。当我们的自身价值发挥出来时，我们总会有一个位置，尽管我们并非渴求这些。我们会活得很充实，很轻松。我决定这样去生活。

漫长的人生岁月使我愈来愈懂得，重要的是减轻身上的负载，包括心灵上的负载。

悄悄地让出多余的位置，

为心灵轻松而宁愿远离。

这是两年前写的一首诗的其中两行。这种心态帮助我逐步走向真正的人生，虽然为时晚了一些。

【作者：刘湛秋】

一、文章分析

1. 作者在描写位置的争夺时，描述了两种情况，你能找出来吗？

2. 谈谈你对文中“位置”的理解。

3. 作者写大自然的各种动植物在位置上的和谐有什么意图？

文\章\三

静待花开

曾经，在一株花含苞欲放时，就急切地想知道那柔嫩的苞衣里面，究竟蕴藏着怎样娇美的花蕊和花瓣，而那些隐匿着的美丽，又将是如何的动人和惊艳。

于是，满怀好奇心摘下一朵，并迫不及待地一层层剥开。然而，所目睹的却令我惊诧：花苞一层又一层地紧紧包裹在一起。若想看下一层，便只有将其一一剥开。等最后看到花心，花瓣也几乎支离破碎了。不错，它的色泽固然明艳，它的花瓣固然繁复，却没什么美丽可言。

我失望了，为这株花始料未及的丑陋。从此，便不再对它多加眷顾。某日，一缕淡淡的馨香忽然沁入心脾。循香望去，只见那株花在风中怒放，柔若凝脂的花瓣尽皆舒展开来，如一张灿烂明媚的笑脸，随风摇曳生姿。它如此美艳，以至于令我久久不愿移开视线。

我想起那朵曾被剥开的花了，后悔我曾那么不够忍耐，从而使一朵花错过了迎风盛开，也使它不美丽的印象在我心中错误留存。而真正所应做的，也只是悉心忍耐和静静等待，等待它酝酿和储蓄芳香美丽，等待它自然而然地尽情怒放。

如果，能静待一朵花的盛开，那么，时间可能会将我们的心愿成全，而那些美丽，也会不知不觉间充盈我们的心怀。

耶稣因犹大出卖而被钉死于十字架上，然而，死后三日又复活过来，只剩下曾经包裹他尸体的裹尸布。这三日，是令他的信徒们多么悲痛欲绝

的三日。偶像倏然离去，信赖突然不在，孤独和凄怆似潮水向他们一波波袭来，似要被淹没，似要被沉溺，似从此，他们的世界不再有光明、快乐和希望……

然而，经过无比黑暗和伤感的三日后，耶稣竟复活了，信徒们又恢复了喜乐。

其实，并没有长久的黑暗和忧伤，如果足够忍耐，光明和快乐也终究会不可阻遏地到来。

幼时，看到蝉艰难挣扎着欲从壳中蜕出，恻隐之心顿起，想助它一臂之力。就小心翼翼地一点点除去它的外壳，并力保它四肢和羽翼的完全。当看到它终于从壳中蜕出来，心中满是喜悦：为自己帮助了它能尽快地在空中飞翔。

然而，天光渐晓，蝉的羽翼却依旧蜷缩、低垂、细小、柔弱，且色彩黯淡。而那些自己拼力蜕化出来的蝉，则羽翼晶莹剔透，坚强有力，自由伸展，振翅可飞。

那曾受了人帮助的蝉，即使它展翅欲飞，但因羽翼萎缩和弱小而无法承载身体的重量，故而，其羽翼形同虚设，已永远失去了飞翔的可能。它生命中余下的时光里，便只能拖着未曾成形的羽翼在地面爬行。

原来，它艰难的蜕变是羽翼要伸展扩张到极致的必经之途，而那些痛苦是它必须要承受的。唯其承受了，它才会在痛苦中变得更坚强有力，才能由丑陋化为美丽，才能从地面飞往空中。

是的，有些痛苦是我们必须要承受的，要依靠自身努力蜕去那层丑陋的蛹壳。而若想借助外力或让外力越俎代庖，那一时的帮助，却可能成为永久的阻碍。因而，我

们在某些时刻一定要学会独自去承担那千锤百炼的磨砺，那千折百转的艰难。

所以，为了迎接展翅高飞的自由自在，请学会以足够的平静去等待一朵花芬芳而绚烂的盛开，以无比的忍耐去期盼光明和快乐的到来，以坚强的意志去承受那必需的苦难……

【作者：雨菡】

一、文章分析

1. 通过阅读文章，作者告诉了我们一个什么样的道理？

2. 花开、蝉蜕都是一个需要等待的过程，你有过类似的等待的经历吗？

3. 在文章中找出原文并补充括号中的内容。

某日，一缕淡淡的馨香忽然（　　　　　　　　）。循香望去，只见那株花在风中（　　　　　　），（　　　　　）的花瓣尽皆舒展开来，如一张（　　　　　）灿烂微笑着，并随风（　　　　　）。它如此（　　　　　　），以至于令我久久不愿移开视线。

茶禅书：玉壶（节选）

我有一把壶，玉壶，几乎没有泡过茶，却相当珍爱。

其实，玉壶我有两把，最初是一把墨绿色的，带六个一色小盏，还有盛壶盏的浅盘，像一片绿叶，壶盏像伫立叶上的青蛙家族，有些拥挤。还有一把是单壶，洁白如雪，数九寒冬的大雪，深沉、厚重，更准确地说，像奶酪、羊脂，有人说，那便是纯粹的羊脂玉，温润如婴儿肌肤。

对玉，我不能说不懂，即使尚未入行，但单从喜欢，甚至嗜好的角度而言，也已经年。况且，日积月累，到现在手头确也有了些藏品，大多是实用器皿类，如酒壶、酒杯、笔筒、写经的小砚等，自然也包括茶壶。况且，朋友中也不乏爱玉者及琢玉、赌石的人，耳濡目染，起码也算半个赏玉人。但那白玉壶，究竟是不是羊脂玉，还真不好说，似是而非，尤其这壶是我的，我所珍爱的，不能说没有一丝“家有敝帚，享之千金”的偏爱。偏爱自己的孩子，瓢嘴葫芦看成珍宝，原本没错，情有可原。况且，仿佛医生，就算是名医，给自己的孩子把脉，情在作祟，总难诊断，更不要说亲自操刀除患灶了。我亦然。

买那套绿玉壶时，老板说，是地道的南阳玉，又名独山玉。属大矿开采，即便是壶盏，一看就是机械加工的，流水作业，批量生产，虽无暇疵，也不名贵。当时我便疑心，那不是南阳玉，更像祁连玉，接近古人常说的夜光杯，成色还要差一些。

那年在北京工艺美术商店，就为了“葡萄美酒夜光杯”那个美丽动人的传说，我毫不犹豫地掏出袋里仅有的钱，买下一对夜光杯，小心翼翼地品酒后，大失所望，哪里又有想象中期望的夜光，看着漂亮的盒子，盒里盒外名家书法的名诗，我想到买椟还珠的故事。自然这不是我爱玉所缴的第一笔学费。常在江湖飘，哪有不挨刀。几年后遇见几个玲珑的竹节夜光茶杯，很喜欢，却没有买。买那套绿玉壶，说实话，也不是多动心，只是喜欢那墨绿的颜色，又的确想添置一套玉壶，尝尝玉壶品茶的滋味，况且，又不贵，可谓物美价廉，尽管我不相信物美又价廉云云，但经不住老板主动降价的诱惑，一激动，买下了，抱着匆匆离店，我怕自己略一迟疑便反悔。

南阳玉我有，之前就有，一个纯度很高，正规厂家生产的笔筒，是插钢笔类的矮笔筒；一个是整块独山玉手工雕刻的玉香炉，环链鼎足，宝盖镂空，适合干烧香粉。

泡茶后，果然一般，清汤寡水，缺少紫砂壶的醇厚绵软，甚至没有手工玻璃壶的清澈原味。之后，便一直束之高阁，我甚至心有余悸，对玉茶壶敬而远之。但喜欢玉石，闲逛玉石斋古董店时，还是身不由己，每每在玉壶杯盏前留连，静静观赏。

其实，从理论上，或者前人的经验之谈，我明明知道用玉壶水晶壶品茗，不过如此，古人收藏，更多出于身价象征和观赏价值。就是我，也不能说没有一点这样的虚荣心，自然更多的还是尝鲜和喜爱的成分。玉壶玉杯饮酒，那是相当的美，尤其是老白汾，经过壶杯的储存，吸收了玉的精华，酒液更醇厚甘洌，入口绵甜。但于茶，真的不敢恭维，远不及粗陶粗瓷，像泡碧螺春用粗陶笨盏，风味绝佳，我还没有发现，哪一种茶适宜玉壶泡，玉杯品。真的没有。

按理，人不可能两次踏入同一条河流。就是在那套绿玉壶落满尘埃的时候，简直是神催鬼拔拦，我又花不菲的价钱，买下一把白玉壶。连我都没有想到，我会再买一把只有观赏功能的玉壶。但我从不后悔，那壶我的确喜欢，就放在博古架旁的书柜里，我常常站在柜前观赏，有时就忍不住取出细细把玩。其实，买那天，我心静如秋水，没有一丝微澜，并不是冲动的结果。那壶我已细赏过多回，从见第一眼起就再也放不下，隔三岔五地去，连老板都熟了起来，说，兄弟，喜欢就买下，我成全你，机不可失，过这个村可就没这个店了，全城仅此一把。我故意质疑，不会是阿富汗白玉吧？老板扭转头，露出不屑一顾的神情，良久才讪讪地说，你既然这样看，我无话可说。再去时，架上同样质地的仿汉香炉不见了，已出货，另一件笔洗也名花有主。我这才下了决心，花一般人近两个半月的薪水买下，吃大餐也没有心思，几回拿出观摩，越看越喜欢，简直有些心花怒放。

自然，我再不会傻兮兮地用洁白的玉壶泡茶，尝试其中的滋味。但一直弄不明白，或者说无法感悟古人“一片冰心在玉壶”的意蕴，可从始至终我都相信，古人不是无由而发，更不会凭空臆造；这是一种很高境界的实感，是有形而上的意味，但更多的恐怕还是一种个性的生命通感的体验，自然这种体验不会呼之即来挥之即去，如普通的实物情感体验，它需要时光沉淀和自我修为及情境在某一刻电光闪石的碰撞，更需要一双慧眼和一颗慧心，才有可能体验得到。是机缘，也是福气，就像好茶好水的相遇，并有幸进入或升华到禅茶一味的境界。

和氏璧再美，再稀世绝有，未雕琢前，不过是一块璞石，和其他的石头并没有两样。和氏固然高明，有一双洞穿原石的慧眼，倘无人相信，不加工雕琢，一样不会光华灿烂，大放异彩。

在很长一段时间，我虽常常隔着柜门观赏玉壶，即便偶尔取出摩挲把玩，也只是感受到壶的光洁温润，最多还有雕工的精细，莲叶妙趣天成，大有出淤泥而不染的联想比赋。说实话，和赏一块其他美玉没有什么两样，甚至没有把玩紫砂壶的感悟和情境体验，那种温润如玉又不是玉的生命体验，或多或少，或深或浅，我是经历过的。

不止一次，凝望着玉壶，忽而，其实大多时候是渐渐的，幻化出梦一般朦胧而真切的境致。我就想，十几年后，或者几十年后，玉壶会有什么样的变化，时光或岁月会在壶上留下什么样的痕迹？会不会像我亲历的紫砂壶和普洱茶，在短短的几年就发生了质的变化，浑厚、醇香，带你进入岁月沧桑静好的体验、感受，应该说是享受业已流逝的时光中阳光雨露的温情和甘甜，甚至淳厚的苦涩。自然不会，生命的四季特征规律大致相同，但长短各异，质变的速度自然千差万别。蜉蝣朝生夕死，蓝蝶轰轰烈烈几天，人生不满百，神龟虽寿，犹有尽时，沧海桑田的巨变，说不来就赶上了。但玉的变化，据说更长些，是以千年或几千年为界的，原石无恙，一旦琢玉，千年多最是丰润，四五千年后开始消瘦，之后只剩枯骨，大约八千年到一万年，逐渐化为泥土。看来，水归源泉，物归泥土，是自然界不可抗衡的规律，颠扑不破。

我一直尝试用各种水泡茶，河水，雪水，矿泉水，井水，水茶相遇，茶水诞生，禅茶一味。无形或有意中，对水的理解更深些。说水是生命之源我信，包括水晶，乃至玉石，都是在某个时空由水生成的，好玉，自然水灵些，无水而润，无水而温，我甚至相信，好玉是有生命特征的，一直活着，会呼吸，会修行。是水之精，地之髓，也是人之范，亦如所谓君子比德如玉云云。

那的确是无意的，訇然中开[①]，始料未及，我忽而真切地感悟或者说看到了“一片冰心在玉壶”的境致，栩栩如生，伸手可触。那天，甚至那一刻，真的很平常，午后

① 訇（hōng）然中开：形容大声，出自李白诗歌《梦游天姥吟留别》。

的阳光懒洋洋地漫过窗纱，洒在书柜上，熏过香，饮过茶的我，又习惯性地立在书柜前，观看着白玉壶。忽而玉壶飘动起来，像一块冰，一掬水，或水雾、云烟，轻盈晶莹，那感觉我也说不上，仿佛从未见识过，像水母，真有生命的气息，却轻飘飘的，依旧是壶的形状。我感觉自己整个化成一颗晶莹的心，浸泡在玉壶里，古琴音符般地如水起伏着，漂动着，渐渐和壶融为一体，清爽若冰，晶莹若水晶，静美如玉。瞬间身体通透，轻盈欲飞霞。

我是玉壶，还是玉壶是我，那一刹那，仿佛混混沌沌，却又清清晰晰，一时难以分离。

我明白，若此玉壶品茗，又何须茶，何须水，何须饮呢。不品自品，无品自高，是为真品。

【作者：静子】

一、文章分析

1. 通读文章，说说作者的心境发生了什么变化。

2. 文章中出现了很多俗语，找出来，积累一下吧。

3. 谈谈你对文章最后两段话的理解。

第十六单元

文章一　老屋

文章二　寻觅

文章三　伏羲庙感怀

文章四　活在粗茶淡饭里

D I　S H I　L I U　D A N　Y U A N

文／章／一

老屋

许久听不到故乡的鸡鸣狗吠与赶牲口的吆喝，没了瓜果与炊烟的味道，没了新翻泥土的气息，日子过得寡淡无味。然而，故乡总像一根绳子牵着我的梦魂，每次怆然入梦，都是在乡野田间地头奔跑的身影，天真无邪的欢笑与清脆的鸟鸣，此起彼伏。晚归的牛羊披一身绚丽的晚霞，悠闲地走在乡间小道上。缕缕炊烟袅袅升上村庄上空，不知从谁家院落里传出来一嗓子嘹亮的信天游：你把你那白脸脸调过来呀，赛过兰花花……

故乡的田地一片寂寥，母亲的责任田荒芜了，任洁白的苹果花开了又落，落了又开，因为无人赏识，馥郁的清香渐渐无趣地逸散。

重回故园是在冬至前的一个清晨。西北风劲吹，硷畔[1]上的老槐树落光了叶子，光秃秃的枝丫举向天空。天空湛蓝澄澈，仿佛水洗过一样洁净。老屋的窗户纸已经被西北风剥得净光，枣木窗格子亮敞着，显露出斑驳的颓废。朝屋里望去，一如从前的陈设，我最喜爱的小圆桌，宽大的灶台，黝黑的头号铁锅上的石板锅盖，爷爷用过的痰盂，落满了厚厚的灰尘。

凝神之际，爷爷剧烈的咳嗽声恍惚从记忆深处穿梭而来，氤氲在蒸腾的雾气中，瞬间呛出了我的眼泪。

印象中，那口大锅是老屋里最忙碌的物件。刚过腊月二十三，爷爷和奶奶便泡好白黑豆准备磨豆腐。爷爷一手拿着鞭子吆喝着毛驴一圈圈在磨

① 硷畔（jiǎn pàn）：院子的边缘。

道里转，一手抡着一只小勺子将泡胀的豆子喂到“磨眼”里，洁白的豆浆像牛乳一样随着磨眼慢慢地倾流到木桶里。爷爷不用洋铁桶，说洋铁桶会败坏香豆腐的味道。过滤去渣是个力气活，爷爷挽起袖子，用一个密实的笼布缝制的袋子装上豆浆用力将浆液挤出，倒进大锅里煮沸，再将纯豆浆倒进一个硕大的陶瓷盆里，白花花的豆腐蛋白像天上游弋的云朵一样美丽。需要点卤了，爷爷说这叫“卤水点豆腐——一物降一物”。他脸上晶莹的汗珠分明含着收获的笑意。然后用水瓢将已凝结的豆腐花分别舀到几个盖帘上，用力挤压掉水分，压上重物。一个小时后香香的豆腐便新鲜出炉了。

奶奶用蒜汁、食醋、油泼辣子调好了吃豆腐的蘸水。新鲜的豆腐细嫩，清爽，口味极好。这一天，大人允许我们放开胃口吃饱。那时节，能吃上豆腐也不是件很容易的事，因为一年只做这么一回。对于吃腻了土豆白菜的肚腹来说，豆腐就是无上的美味。趁大家高兴，爷爷还讲了一个笑话。说有一个人爱吃豆腐，自诩豆腐是他的命。回头朋友请客，有红烧肉，也有麻辣豆腐，结果此人竟无视豆腐的存在，蒙头吃肉，真是有了肉，连命也不要。爷爷的笑话把大家逗笑了。此刻，老屋沸腾着浓浓的年味。

接下用豆腐浆水洗脚，仿佛一个神圣的仪式。木盆里倒进热豆浆水，爷爷必须第一个洗脚。他脱掉奶奶用白老布缝制的袜子，将粗糙黝黑的双脚隐没在雾气腾腾的木盆里，然后很享受地闭上眼睛，嘴里咿咿呀呀哼着《清涧道情》。然后换了新的豆浆水，奶奶去洗，接着家人一个个将脏兮兮的双脚泡在木盆里，仿佛接受隆重的洗礼一般。现在回想起来，那样虔诚庄重的场面，仍然令人感动万分。

老屋的上空贯穿一根粗粗的铁丝，平时晾晒衣服，深秋时节，上面晾满了粉条一样浑圆粗细的冬瓜丝。爷爷将十来斤重的冬瓜一个个从地里挑回来。奶奶用抹布擦亮了旋刀，削掉冬瓜皮，抱着白胖胖的冬瓜，一圈圈旋转，一条长长的冬瓜丝便像水一样从奶奶手里蜿蜒流淌出来……

环顾那根生锈的铁丝，再也没有奶奶排兵布阵的冬瓜丝，只搭着一床红绸被子，那是爷爷生前的被子。弟弟是长孙，只有在葬礼上擎举了引魂幡，才有资格得到它。

一床故人用过的被子，是祖宗留下的家产，象征了能受到祖先的荫庇。婶娘见被子整日闲搭在铁丝上，向父亲开口索要过，父亲坚决地回绝了。我想父亲不是迷信一块普通的旧被子，真的可以带来荫庇和洪福。这块留存爷爷气味的红绸被子，恐怕是爷爷留在这人世上唯一的念想了。

我停伫在老屋厚厚的灰尘里，仓皇张望，岁月深处再也觅不到那声声穿越时光和灵魂的咳嗽声。

【作者：任静】

一、根据文章内容选择正确答案。（从ABCD中选择一个最佳答案）

1. 第一段中“日子过得寡淡无味”一句中，“寡淡无味”还可以替换成？（ ）

A. 了无生趣

B. 索然无味

C. 回味无穷

D. 心灰意冷

2. 老屋生锈的铁丝上为什么还搭着红绸棉被？（ ）

A. 是中国的一种迷信思想

B. 棉被寄托了对爷爷的思念

C. 棉被是留下的家产

D. 害怕棉被发霉

3. 作者为什么怀念老屋？（ ）

A. 老屋里有很多作者珍贵的回忆

B. 老屋是作者长大的地方

C. 作者对现在的生活不满意

D. 比起都市作者更喜欢乡村

二、文章分析

1. 谈谈你关于“老屋”的记忆。

2. 文中详细描写了磨豆腐的过程，你能简要概括出来吗？

3. 选出你最喜欢的一段话积累下来吧。

文＼章＼二

寻觅

时光，重叠在这座山上。

而我，踏过山上野兽抓痕斑驳的岩石，企图丈量山路的崎岖坎坷，用我剩余的生命，去叩问山的真面目。

若山问起我的姓名，暮雪，春露，落花，松雀，随它称呼。我不过是个露地而席，披着星光的路人，以山涧为饮，以枯草为衣，以远方的炊烟为路标，以山间的雀鸣为信号，一步一步，叩响这山间的青石路。

你是谁？我听见山又问我。

我是一个以山为冠，以水为带的樵夫钓叟，来此砍一株桃树，种在我为自己准备的土墓前。

我是一个以树为髻[①]，以雪为衣的柔骨少女，怀着风细柳斜的心事，用晨露与这山中的秋水换色。

我是一个以风为屐，以草为袜的无名路人，断不了人世的悲欢离合，却又祈求岁月无忧无梦。

我是一个忘了归途的游子，行到山中水穷处，与故人相忘于江湖。

我是一个迷了路的旅人，月迷津渡，只能投石问路。

我是一个山的眼中人，山的眼中不只有我，而我眼中却只有山。

你若再问我是谁，我会说，我是一株行走的草，我是一片沉在水底的云，

① 髻（jì）：盘在头顶或脑后的发结。

我是一个半盲、半聋又半瞎的人。

我可以是任何人、任何事，我也可以什么都不是。我耽溺于红尘，享受着水光石色，却忘了自己原本的面目。

时光，重叠在这棵树上。

树之枯荣，如月之阴晴，路之左右，一半光明一半黑暗。荣是本分，枯也是本分；生是本分，死也是本分。

这是一棵什么样的树，才能同时承载生与死呢?

我是一个空城的守夜人，为了寻找这样一棵树，熄灭了燃了数百年的火烛，踏出了我千百年来的第一步。

我是一个追寻远方的朝圣者，为了寻找这样一棵树，将我供奉了数百年的神佛抛于身后，背上行囊，游走四方。

我是一个扎根土地的深闺人，为了寻找这样一棵树，折了细柳，弃了春闺，抛了月光，离了故乡。

我每到一块土地，便一锄一锄砸下坑，再种下一棵又一棵的树，等它们开始长大，便再次背上行囊，前往下一个远方。

所以，你找到这棵树了吗? 我走在路上，细雨微朦中，听见有人轻轻地问我。

我种下一棵又一棵的树，每一棵都似乎是我要找的树，而每一棵却又都不是我要找的树。岁月以河流的形式流过我，染白了我的双鬓，折弯了我的背腰。树木越长越高，我的时辰也越来越短。

最后，我为自己相好了一块土地，一锄一锄种下树苗，又一锄一锄挖出土墓。

待我躺进这块土地的第二年春，那种下的树苗便抽了无数根新枝。

我是否找到了我要找的那棵树，答案只有我自己知道。

时光，重叠在这条路上。

席地而睡，一夜无眠。清晨起身，再次踏上脚下这条路。

这条路似乎没有尽头，而我却为寻找这条路的尽头而来。

当我穿过枯藤老树的林子，我知道，那是鸦雀的路。

当我穿过小桥流水的村落，我知道，那是庄稼人的路。

当我穿过残垣断壁的废城，我知道，那是亡国者的路。

当我穿过水穷处，坐看云起时，我知道，那是心上的路。

路的尽头在哪？或许在前方一点点，又或许在无穷远处，但绝对不会在我已走过的路的后方。

饮一口忘川水，从此只有眼前路，抛却身后生。

时光，重叠在此人身上。

此人是谁？

是我一直叩问的山的真面目，还是我一直寻找的承载了生与死的树？抑或是我不断踏寻的路的尽头？

山川是不卷收的文章，日月为他掌灯伴读；白雪是山中永驻的闲钟，松雀为他衔来阳春甘露。

那是我一直苦苦寻觅的人，他无名，无姓，无影，无形，无样貌，无年岁，他既是我，也是你。

【作者：袁贝贝】

一、文章分析

1. 结合文章，谈谈你对文章最后一段话的理解。

2. 试着对文中“岁月以河流的形式流过我，染白了我的双鬓，折弯了我的背腰”进行赏析。

文
╲
章
╲
三

伏羲庙感怀

二零一九年十月，在我人生的扉页上，注定要有一笔浓墨的记载。头顶着洁白的云朵，脚踏上“天河注水”的厚重土地，伴随着清爽的秋风，来到了伏羲庙，感知人文始祖的神明。

伏羲庙大门两侧有跨街而立的东西牌坊，门楣正中均镶嵌横匾，其上楷书“开物成务”，与对面牌坊门楣上的“继天立极”和伏羲庙正门的“开天明道”三座大牌坊呈“品”字形排列，庄重典雅，结构严谨，笔势遒劲有力，端庄厚重，让人切实地感知到三皇之首的庄严崇高。

太史公告诉我们：“太庖羲氏，风姓，代燧人氏继天而王。母曰华胥，履大人迹于雷泽，而生庖羲于成纪。蛇首人身，有圣德。”现在看到的是他老人家身披树叶，手拿“先天八卦太极盘”，目光炯炯，就那么端坐在陇上龙城先天殿神台上，接受着龙子龙孙的顶礼膜拜。

史书记载，是伏羲发现宇宙间万物由“阴”“阳”组成，于是发明了八卦。用阴阳相互结合的八种符号代表自然现象，成为世界的物质基础。

环顾古色古香的大殿壁画，一幅幅画面告知着人们：伏羲氏“造书契，以代结绳之政”，创造出记事符号；他结网教人捕鱼、狩猎，促进了渔猎发展；他圈养牲畜以充庖厨，促进了采集业向畜牧业转变；他营造屋庐，改善了居住条件；他养蚕化布，改善了人民的衣着；他“制嫁娶，以俪皮为礼”，开创了原始婚姻制度。伏羲的肇启[①]文明之功，使先民们摆脱了混沌蒙昧，

① 肇启（zhào qǐ）：创；开启。

揭开了人类发展的崭新一页。

往里走，六十四棵苍劲古美的老柏，挺拔苍翠，浓荫蔽日，古趣盎然，从前院一直栽植到后院，正好与易经的六十四卦数字相符，隐喻着人文先祖的无上智慧。牌坊、庙宇、月台、碑亭、殿堂组成的古老乐章，弥漫出的“龙马负图”“兄妹成婚”神话传说，为我拜谒伏羲平添上些许神秘瑰丽的色彩。

伏羲作为人文始祖，三皇之首，百王之先，无疑是原始社会黄河流域的杰出首领，人首蛇身，看似严厉怪状，眼神却温含慈善。置身于天水人宗庙（伏羲庙、太昊宫），楹联汇聚的浪潮此起彼伏。左边是“八卦成图华夏仰圣地，六分始肇炎黄歌传人”“问推象数先天探始，欲访龙图后世问津”；右边有“桑梓千秋崇圣祀，衣冠万国拜神州”“卦列先天乾坤立极生奇偶，理涵太极水火移宫用坎离”；前边为“不像八卦开神钥，谁为三才泄秘藏”“网罟佃猎，促使人文演进；系辞爻象，蕴藏宇宙精华”；后边是“当鸿蒙其为辟成纪看圣人焉，俯仰观鸟兽山泽成易象；泄天地之蕴密渭滨集至德矣，开物成神龙华夏启文明”。当这些异彩纷呈的楹联撞开眼帘，涌入胸怀的那一刻，我波澜起伏的心潮，不时感受到伏羲的无形大象。

再往里走，伏羲八卦方位图展现在眼前。“中心”有一个圆，圆中有两条黑白相间头尾相抱，静中含动，动中含静的游鱼。黑者象征阴，白者象征阳。白中有黑象征阳中有阴，黑中有白象征阴中有阳。阴阳头尾相接，一边从小到大，一边从大到小，表达了阴阳消长的自然法则，这就是后来的“太极图”。视线穿过千年古柏的缝隙，恍惚间，我仿佛看见新石器时代，身穿树叶的先祖伏羲，沿着渭水、绕着卦台山一趟又一趟地细查；看见星光下树枝为笔，大地作纸，盘膝而坐的伏羲身影，在沉思、在画涂、在推演……

天乾地坤，雷震风巽，山艮水坎，离火兑泽，以类万物，分据八方，乾坤太极，轴转圆心。鱼动了，黑白首位相接，阴阳抱合。山势跌宕，水流了，渭水盘桓，卦画里的万物全部流动了起来。

置身伏羲庙，我激动不已，感慨万千。伏羲文化浓缩了五千年间我们民族飞扬的想象力，记载着先祖对世间客观规律孜孜不倦、不懈求解的执着，见证了人类走出蒙昧迎接文明的艰辛历程，表达了对美好生活的无限向往。先祖用勤劳勇敢和聪明智慧谱写了充满激情的中华文明序曲，开启了人类文明的先河，成为人类智慧的结晶。

“积善之家必有余庆，积不善之家必有余殃”，我们来到这个“天下熙熙，皆为利来；天下攘攘，皆为利往”的世界，祖先早就告诉了我们，应该怎样与周围的人相处。

“天道亏盈益谦，地道变盈流谦，鬼神害盈福谦，人道恶盈好谦。”保持谦和的心态，不烦不躁，对我们为人处世大有裨益，退能明哲保身，进能感化他人，立于不败之地。

“天行健，君子以自强不息。地势坤，君子以厚德载物。”上天自然刚劲强健、运行不息，每个华夏儿女都应发奋努力，永远自强；大地厚实和顺，滋养万物，神州儿女增厚美德，没有任何东西不能承载。

虽然刀耕火种时代的伏羲篝火已经熄灭，但承载着无数美丽传奇的画卦台却仍然矗立人间，他的后裔，即使颠沛流离，也要不屈不挠，处处扎根，生生不息。伏羲庙的房屋黯旧，但门楣上的牌坊仍在展示先祖的聪明与智慧，先天殿的河图洛书、先天八卦图作为中华易学的大根大本，不仅古而未老，博大精深，而且以永恒的魅力展示了强大、永不衰竭的生命力。

来到伏羲庙的我，终于把人文始祖出生之地作为追踪思源，寻根问祖的圣地来拜谒过了。香火袅袅间，虔诚的我，为圆了年轻时的一个梦境欣喜不已。所谓“君子终日乾乾，夕惕若，厉无咎。”我从哪里来，为什么而来？我该怎样生活，以什么样的信仰立于世间？我又该到哪里去，该怎样去？

现在我还不知道怎样回答，或许根本就不需要回答，也或许历史始终在等待着我们每一个华夏儿女的回答。

【作者：韩明】

一、文章分析

1. 试着概括关于伏羲的神话传说。

2. 这篇文章表现了作者怎样的思想感情？

文\章\四

活在粗茶淡饭里

任何一个季节的黄昏都是迷人的，秋初夏末的晚风带着凉意习习吹来，江边的人群，在江水中嬉戏。各色的游泳圈，靓丽的泳衣，把江面点缀成一幅彩色的图画。夕阳落在水面，红彤彤的一片。泛起的波光粼粼，伴随着水浪的轻抚，令人闭上眼就想睡在这柔软的水中，似缎面一样的江水，滑过五脏六腑般的舒坦。

夜市，轰轰烈烈地开着。一群群兴趣盎然的人们，三五成群地围坐在路边的小方桌边，高谈阔论。就着啤酒，几盘卤菜，一碗面，把一顿饭吃得有滋有味。独自兴步走入人群，懒散地把自己放逐其间。原本以为像这样的夜晚，应该没有像我一样独自来夜市吃饭的人，坐下来才发现，并非如此。

小桌边，坐着一个人，点了一份酱拌牛肉，一瓶啤酒，一碗面条，低头津津有味地吃着。仿佛身外这份吵吵嚷嚷，与他无关。我莞尔一笑，原来生活的滋味，就是这种舒坦的样子。

有人说，过有品质的生活才算是好生活。不尽然，真正高级的生活，是活得踏实。看着陌生人，那份真实而自然的样子，此刻就是最好的生活。很多事物都是有气息的，一个人散发出来的气息里藏着他的内心所在。

粗茶淡饭，人间烟火，真实地活着。

出门几日，厨房里的红薯竟然长出了一枝绿芽。拿起椭圆的红薯，认真地观察它的绿芽，实在可爱而欢喜。生活里时常就有小惊喜，并不是烛光晚餐就是高级的，接地气的日子也很舒适。小芽用力地生长，我把小红薯放置在水池边，看着它一点点长大。

风穿过窗口，翻动着书桌上的书页。只想做一个安静的写字人，把自己安放在文字里，写作者内心世界的斑斓，足以让他忽略表面的风光。活在人群中，布衣粗饭，和路边的任何一个陌生人一样。

路口，遇到牵着狗出来遛弯的邻居，还有等着过斑马线的行人。人行道的方砖上，还冒着热气。一天的光阴就要过去，并不是每个人都会浓妆艳抹地出现在生活的舞台上，更多的是和我一样普通得再普通不过的人们。

不多久，月亮升上天空，星星出来逗趣。空气中弥漫着青菜的味道，人间烟火里，有你有我。我们真实地活着，不粉墨自己，不矫情与人，和一斗米言语，与青蔬瓜果挽手。路边的小摊上冒出烧烤的香味。楼房的灯光下，孩子们在写作业。跳广场舞的大妈在准备音响，生活像一条流淌的河。

生活真实地存在，每个人都是自己生活的主角。我们安于生活的动态，并与之拥抱。最高级的生活是真实、自然、舒坦，与物质多少无关。就像我关心自己的那个小红薯的绿芽，我们都在自己的生活里。

这一生，我就想成为一个不起眼的人，活在粗茶淡饭里。

【作者：香袭书卷】

一、文章分析

1. 根据文章内容填空。

不多久，月亮升上天空，________________。空气中弥漫着青菜的味道，____________。我们真实地活着，__________，__________，和一斗米言语，与青蔬瓜果挽手。路边的小摊上，冒出烧烤的香味。楼房的灯光下，孩子们在写作业。跳广场舞的大妈在准备音响，________________。

2. 作者认为高级的生活与物质多少无关，你赞同吗？

3. 文章表达了作者怎样的思想感情？

第十七单元

DI SHI QI DAN YUAN

文／章／一

成长的力量

当护士掀开包裹着我刚出生的儿子的大毛巾，儿子睁开眼看我一眼，眼中似有一丝光彩掠过，我只觉得心中最柔软的地方被触动了，一种巨大的幸福感潮水般漫遍全身，精神一振，觉得连日来的辛劳都是值得的……

算起来，我在医院产房外，精神高度紧张地足足守候了三天三夜，身体已经疲惫到极点。

三天前的晚上，我一边在书房里看书，一边听着卧室里妻子的动静。妻子怀孕再过一天就满九个月了。按她的说法，这个时间点一过，我们的孩子随时都有可能来到这个世界上。这几天，她______着要把生孩子时用得着的东西收拾一下，到有生产征兆往医院赶时才不至于手忙脚乱。

突然，我听到妻子用一种异常急促、紧迫而又带着慌乱的声音在叫我。我急忙把书一丢，冲进卧室。眼前的情景吓我一大跳，只见妻子半个身子躺在床上，表情焦急异常地对我说："我的羊水破了，快用枕头把我的屁股垫高！"我低头一看，可不是，地上有一些浓稠、浑浊的液体。

我只觉得头皮一麻。我以前曾听妻子说过，胎儿全靠孕妇的羊水养着，要是羊水漏光了，胎儿就有性命之忧。我急忙把枕头垫在妻子屁股下，然后开始打 120 急救电话。电话一拨就通，接线员安慰我们别着急，并教了一些应急措施，说救护车已在赶来的路上。

在等救护车的过程中，妻子说羊水一直在漏，我一边安慰她，一边想收拾一些带到医院去的物品，但心里总是慌乱不已，只觉得手足无措。

等救护车的这十几分钟时间，我觉得比一个世纪还漫长。

好不容易把妻子抬上救护车，医生给妻子做了一些简单的检查，说问题不大，我的心才稍有所安。救护车拉响警报，一路呼啸着往医院赶。妻子被送进妇产科做了一些必备的检查后，医院便安排了病房让妻子休息观察，说第二天早上再做进一步的观察处理。至此，我一直高悬着的心才稍稍落下来。趁着这个空档，我赶紧回家去取了一些用得上的物品来。

次日清晨吃过早餐后，医生便通知妻子进产房。我以为妻子很快要生产了，守在产房外一想到自己马上就要当父亲了，心里既兴奋激动又有些惴惴不安。哪知道这是个漫长的过程，我这一守就是三天三夜。

妻子进产房后，先还能通过微信跟我交流，通报相关情况。大致情况是，医生看她的身体状况比较符合顺产条件，建议顺产，我同意了。但一连进去了两天两夜都没动静，妻子提供的一个又一个可能生产的时间都落空了，我开始有些沉不住气了。这时在微信上询问妻子情况，她已不能及时回复，后来她发出来全是痛苦到泪崩的表情，文字断断续续的全是“我痛死了！”“我受不了！”之类的。我满心焦灼，除了在微信中一个劲地安慰妻子外，别无他法。我也不知道，此时处于剧痛之中的妻子是否还能看到这些显得苍白无力的文字，只是在心里感叹，女人生孩子真的不容易。

第三天上午，一位医生从产房里出来对我说，妻子的情况发生了变化，已不适合顺产，建议做剖宫产。我急忙签字同意，妻子又转入手术室。这次倒挺快，一个多小时后，护士便把孩子抱来让我先看一看。

毛巾掀起，我看到孩子头发毛茸茸的，充满稚气的小脸蛋满是疲惫之态，仿佛刚经过一场长途跋涉。说起来，他是刚经过一场人生的跋涉，才来到这个世间。他睁开眼睛看了我一眼，便被护士抱走了，说要做进一步的观察和护理。

但他的模样，从此却长时间定格在我眼前，让我抓心挠肝欲罢不能地想念着他。

妻子_____在病床上被从手术室推出来后，双眼紧闭，脸色苍白，显得那样的虚弱、憔悴。我的手刚接触到她的手，她便紧紧地握住了我的手，握得是那样的有力，久久不愿松开。这一握，千言万语尽在不言中，我只觉得鼻子一酸，眼睛不知不觉便有些模糊了。

因产妇太多，病房紧张的缘故，妻子的病床被暂时安排在走道里。下午，孩子也被护士送回来了，我们一家三口团聚在走道里，我的心里且喜且烦，喜的是妻子和孩子都平安无事，烦的是孩子刚出生便待在走道里，连间像样的房间都没有，心里总觉得有些对不住他。

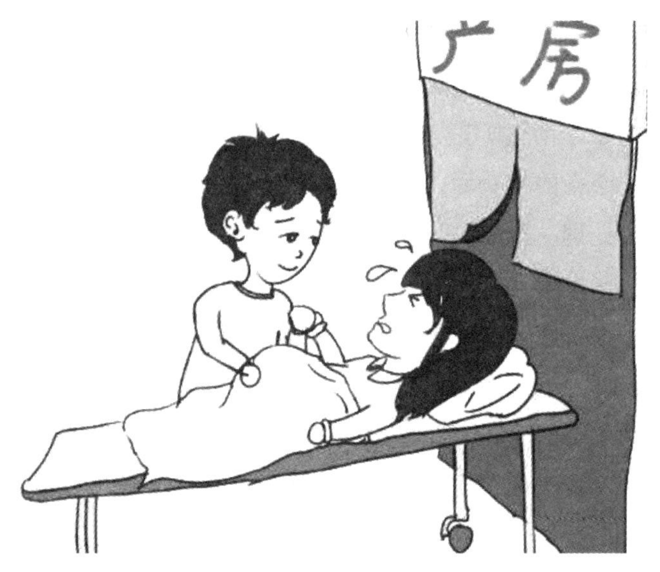

孩子躺在医院提供的一辆小推车里，小脸通红，除了饿时会哭之外，平时都在酣睡。我们把他看成稀世珍宝一般，一家人都做好了分工，孩子一哭，岳母赶紧去哄孩子，母亲赶紧去泡奶粉。

孩子绝大多数时间双眼紧闭，但饿时哭起来却是声音洪亮，甚至可以说是声震屋宇。小脑袋左右扭个不停，小嘴吧嗒吧嗒地寻找食物，那一瞬间，我陡地明白了什么叫"嗷嗷待哺"。当奶嘴伸进孩子嘴里时，孩子立马抢也似地含住，然后大口大口地吮吸起来，喉咙里不时地发出一种满足的呻吟声。这声音，我其实挺熟悉，跟我儿时待在田野里，听到大水漫过干渴已久的土地的声音差不多。

孩子吃饱喝足了，往往就沉入梦乡，有时甚至还在吸着奶就睡着了。他酣睡时，我们就站在旁边仔细地______、欣赏他，为了不惊扰他，连说话都是低声细语的。他的一声啼哭，都高度牵动着我们的神经。特别是妻子，尽管身体极度虚弱，用她自己的话说，一直处于恍恍惚惚的状态，但视线总在关注、逡巡着孩子，有时甚至要求把孩子抱了放在她身边。看着孩子，她疲惫的脸上的表情是那样的愉悦、满足。

睡梦中的孩子表情其实是挺丰富的。有时，他的眼睛眯得只剩下一条缝，可以看到眼白和黑眼珠。有时，一丝笑影从他的脸上掠过，有几次我甚至听见他发出咯咯的笑声，吓我一大跳，走过去一看他还沉在梦乡里，原来是梦笑。有时，他会先把整个身子蜷起来，然后猛地伸展开，小脸憋得通红，喉咙里发出一种咕噜咕噜的声音，然后便像被谁打了一巴掌似的猛地哭起来。我对这种现象大惑不解，很是心疼孩子，母亲和岳母有经验，她们说这是孩子在"挣"长，不用去管。果然，孩子哭几声后，一切又归于平静。经历过几次，我有了经验，以后再遇到这种现象，心里便不再紧张，把其想象成是庄稼在拔节。

在走道里待了一天后，医院给我们调出了一间房间，我们一家人搬了进去。房间里已有三个产妇，我们搬进去后有了四家人，彼此倒也相处和睦。住在房间里终归比在走道上舒服得多，上厕所、洗脸都很方便。

最恼火的是累，孩子每隔两三个小时就要吃一次奶。白天还好办，最难熬的是夜里，每夜总要起来三四次喂孩子奶，有时睡得正香，一听到孩子尖利的哭声，便立即条件反射般起床去调奶粉。因为睡眠不足，我的脑袋整天都是晕沉沉的，身子像要散架一般。白天也不大休息得成，为了促进妻子产后身体的恢复，我还得不时地____着她在医院走道里走动走动。走道里像她这样缓缓走动的产妇还有不少，大家彼此都有些熟了，见面点个头，有时甚至停下来寒暄几句，说说自家孩子的情况。

在病房里待了三天后，医生______妻子和孩子一切都正常，便通知出院了。正午时分，办理完出院手续后，我抱着孩子，妻子挽着我的臂膀，我们一家三口往医院外走去。孩子在酣睡，全身被包裹得严严实实的，怕被凉风吹着，我们又用一块大毛巾把他围起来。

“回家了！终于回家了！” 小心翼翼地抱着孩子出了医院，走在大街上，沐浴着温暖灿烂的阳光，我在心里欢呼着。从此，我的家里多了一个成员，我们将同甘共苦相互守护共度一生。一想到这，我的心里就有些抑制不住的激动。看看妻子，似乎也跟我有同样的感觉，脸色潮红，一脸幸福，头不知不觉靠在了我的肩膀上……

【作者：张雪飞】

一、选词填空

根据上下文语境，在文章空格处选择正确的动词填入。

瞥　躺　歪　搀扶　检查　观察　念叨

二、文章分析

1. 结合文章中作者对妻子生产前和生产后的描写，概括丈夫的心理变化。

2. 文章中写到孩子在睡梦中的各种表现，有什么意义？

3. 结合全文，说一说为何文章的题目叫做“成长的力量”？

文／章／二

记忆中的乡村婚宴

乡村婚宴，在我的记忆里是一道传统文化的盛宴，是一道蘸满浓浓乡愁的盛宴，更是一道乡里乡亲从四面八方赶来聚集的盛宴。

我小时候最开心的就是参加婚宴，因为可以吃到很多平时吃不到的好东西，以前农村专门做酒席的大师父做出来的菜，真的是非常美味，那叫一个香！现在已经很难再吃到那种味道了，可能菜还是同样的菜，但是味道总感觉差了。

我记忆里的乡村婚宴是热闹而忙碌，隆重而喜庆的。80年代初，我当时十来岁的样子，作为父母的特使，第一次参加屯子里高万里的婚礼。尽管我年龄小，但按照辈分，新郎还得管我叫叔呢，所以吃饭时，我坐在主宾位置。为了能够争取到这次婚宴，我和父母约定，挖十天野菜，放十天大鹅。那时农村生活条件还很差，饭菜里还没有太多的油星，能够吃上农村的酒席，完全是为了解馋。所以，婚宴前十天半个月便掐着指头算日子，时间过得怎么这么慢呢！

办婚宴，对那时肚子都饿出青的孩子来讲简直就是像过年一样欢喜。村里哪家什么时候要办婚宴，他们比媒人都清楚，天天扳着手指头数日子，可谓度日如年。待到办婚宴那天来临，平时睡到八九点的孩子会在五六点无须大人叫喊就一骨碌起床，跟随大人到办婚宴家帮忙。你可别小瞧乡村的婚宴，看着不怎么起眼儿，其实程序和样种比城里的酒宴还复杂、烦琐。此时，多少人手都不够。妇女切菜，洗菜；男人劈柴，招待；孩子则发挥身手敏捷的优势，挨家挨户把整个村子人家的桌椅借来当作餐桌。为了婚宴后归还不出差错，小孩还挺自豪地拿来纸笔歪歪斜斜地在桌椅背后注明各户主的姓名。孩子们的聪明才智，惹得大人们心花怒放，竖起大拇指纷纷称赞自己家的孩子字写得漂亮，人又聪明，还会来事，那神情比吃婚宴本身强多了。

农村人家办婚宴，很简朴，就在自家庭院摆开桌椅，支起炉灶，大师傅一边光膀子使劲地挥动大铲炒菜，一边用披在肩上的毛巾擦拭淋漓的大汗。而一些帮厨者更是各显神通，忙得团团转，相互配合，心有灵犀，共同做好婚宴开席的前期准备工作。

乡村婚宴上都有一个主事儿的人（东北称呼为大唠忙），按照主人的意见安排婚宴的整个过程。尤其是快到中午接近吃饭的时间，帮主人家招呼南来北往的客人，扯开嗓门子大喊："参加婚礼的亲朋好友，大家静一静，现在开始就座，准备开席了。"大唠忙的一般是在屯子里有点权威的，如乡绅之类的。常常忙得喝不上一口水，主人还时不时递给大唠忙两盒烟，"抽着抽着！"有的乡亲们陆陆续续地从田间地头直接赶回来，他们不会因为吃一顿婚宴而耽误了农时。于是，他们不拘小节，连在田间劳作脚上带的泥土都来不及洗掉，光膀赤膊带着泥土的芬芳来贺喜。婚宴的高潮是到了开席喝酒。

乡村婚宴一般都是流水席，就是吃完就走的那种。一桌基本上 8 个人或是 10 个人。菜品一般都是 12 个菜，6 个凉菜 6 个热菜。凉菜有花生米、豆腐丝、凉肘片、皮冻、虾片、猪肝、凉拌菜等。热菜有肉炒芹菜、肉炒青椒、木耳白菜片、肉炒酸菜、热肘子、一条鱼，条件好的还有鸡鸭鹅等硬菜，最后一道菜是赠送菜——滚豆芽菜。意思是吃完就滚蛋了。这种叫法是公开的秘密，很多人都知道最后上这菜的原因，但没有人去说破它，以免大家都尴尬。这也可能是一种习俗吧，但无从考究！那时条件有限，不像现在天上飞的、地上跑的、水里游的都能吃得到！

那时候的婚宴现场，基本上是自己家的农家小院，场面大一点的，就借助于邻居院子。长辈人有长辈人的桌，娘家人有娘家人的桌，婆家人有婆家人的桌，基本没有混淆。一般是一个菜不喝三个菜开扯。我虽然是小孩，但我是长辈，所以和几个大人一张桌。我是第一次参加婚宴，胆子小，故作斯文加之不熟悉其中的奥秘，加之我个头小胳膊短，等我想起动筷子，盘子里面咣咣咣！再后来上菜时，我干脆站起来，上个菜我就抢一口，抢不过，我干脆把菜盘子端了起来……大家吃得津津有味，喝得昏昏欲睡，把整个婚宴一次次地推向高潮。男人们口无遮拦，吃饱喝足后凭借几分醉意，拍拍胸脯嚷嚷：我不会醉的，我不会得罪人的。乡村是一块净土，讲者无心，听者无意，不经意间被触及的人此时也大人大量，权当他讲酒话，不予计较。更有意思的是，我们屯子有一

个叫高红旗的，参加婚宴前的头一天不在家里吃饭，等参加婚宴的时候可劲吃可劲喝可劲造，以至于成为全村的笑柄。有的第一轮没吃饱或是没吃够，又等下一轮上桌继续吃。那时的农村缺少吃的，平时能吃上一块肥肉已是奢望了。遇上喝喜酒，能吃上一顿丰盛的饭菜，那就是神仙生活。一轮下来，基本上不会有剩菜剩饭。

乡村婚宴从改革开放之初到新世纪新时代，40 年间，在历尽数百年风雨沧桑后，终于从农家小院搬进了阔绰的饭店酒楼——这是乡村婚宴的历史性转折，也从另一个方面反映出改革开放给农村带来的巨大变迁。

是的，儿时的乡村婚宴渐行渐远，那不尽的乡愁却永远留在我的脑海里。

【作者：赵超越】

一、文章分析

1. 根据文章内容，总结乡村婚宴的特点。

2. 乡村婚宴表现出农村的劳动人民什么样的性格特点？

3. 结合自己的生活经验，谈一谈文章中的乡村婚宴与现今婚宴的区别。

文\章\三

论年老——人生自然的节奏

自然的节奏之中有一条规律，就是由童年、青年、老年、衰颓以至死亡这么一条线，一直控制着我们的身体。在安然轻松地进入老年之时，也有一种美。我常引用的话之中，就有一句——“秋季之歌”。

我曾经写过在安然轻松之下进入老境的情调。下面就是我对“早秋精神”说的话。

在我们的生活里，有那么一段时光，个人如此，国家亦复如此，在此一段时光之中，我们充满了早秋精神，这时，翠绿与金黄相混，悲伤与喜悦相杂，希望与回忆相间。在我们的生活里，有段时光，这时，青春的天真成了记忆，夏日茂盛的回音在空中还隐约可闻。这时看人生，问题不是如何发展，而是如何真正生活；不是如何奋斗操劳，而是如何享受自己那宝贵的刹那；不是如何去虚掷精力，而是如何储存这股精力以备寒冬之用。这时，感觉到自己已经到达一个地点，已经安定下来，已经找到自己心中想望的东西。这时，感觉到已经有所获得，和以往的堂皇茂盛相比，可贵而微小。虽微小而毕竟不失为自己的收获，犹如秋日的树林里，虽然没有夏日的茂盛葱茏，但是所据有的却能经时而历久。

我爱春天，但是春天太年轻。我爱夏天，但是夏天太气傲。所以我最爱秋天，因为秋天的叶子颜色金黄、成熟、丰富，但是略带忧伤与死亡的预兆。其金黄色的丰富并不表示春季纯洁的无知，也不表示夏季强盛的威力，而是表示老年的成熟与蔼然可亲的智慧。生活的秋季，知道生命上的

极限而感到满足。因为知道生命上的极限，在丰富的经验之下，才有色调的谐调，其丰富永不可及，其绿色表示生命与力量，其橘色表示金黄的满足，其紫色表示顺天知命与死亡。月光照上秋日的林木，其容貌枯白而沉思；落照的余晖照上秋日的林木，还开怀而欢笑。清晨山间的微风扫过，使颤动的树叶轻松愉快地飘落于大地，无人确知落叶之歌，究竟是欢笑的歌声，还是离别的眼泪。因为是早秋的精神之歌，所以有宁静、有智慧、有成熟的精神，向忧愁微笑，向欢乐爽快的微风赞美。对早秋的精神的赞美，莫过于辛弃疾的那首《丑奴儿》：

少年不识愁滋味，
爱上层楼。
爱上层楼，
为赋新词强说愁。

而今识尽愁滋味，
欲说还休。
欲说还休，
却道天凉好个秋。

我自己认为很有福气，活到这么大年纪。与我同代好多了不起的人物，已早登鬼录。

不管人怎么说，活到八十、九十的人，毕竟是少数。胡适之、梅贻琦、蒋梦麟、顾孟余，都已经走了。斯大林、希特勒、丘吉尔、戴高乐也都没了。那又有什么关系？至于我，我要尽量注意养生之道，至少再活十年。这个宝贵的人生，竟美到不可言喻，人人都愿一直活下去。但是冷静一想， 我们立刻知道，生命就像风前之烛。在生命这方面，人人平等，无分贫富，无论贵贱，这弥补了民主理想的不足。我们的子孙也长大了。他们都有自己的日子过，各自过自己的生活，消磨自己的生命，在已然改变了的环境中，在永远变化不停的世界上。也许在世界过多的人口发生爆炸之前，在第三次世界大战当中，成百万的人还要死亡。若与那样的剧变相比，现在这个世界还是个太平盛世呢。若是那个灾难未来，人必须有先见，预做妥善的安排。

每个人回顾他的一生，也许会觉得自己一生所作所为已然成功，也许以为还不够好。在老年到来之时，不管怎么样，他已经有权休息，可以安闲度日，可以与儿孙在亲近的家族里，享天伦之乐，享受人中之至善的果实了。

【作者：林语堂】

一、文章分析

1. 结合文章内容，谈一谈人在年老之时失去了些什么，又得到了些什么，造成这一切的原因又是什么。

2. 作者为何将人之暮年比作金黄的秋天？

3. 文章中引用了辛弃疾的《丑奴儿》一词，有什么作用？你如何理解“却道天凉好个秋”这句词？

文＼章＼四

消逝的声音（节选）

凌晨，初有声响，顶着暮夜的沉厚，挑破静谧的幛蔽[①]。像株饱蕾，在夜的呼吸间蓦地绽开。早行的人相遇霜露尚未隐退的闪亮，发出奇异的啧啧声，随即被迎面一股寒流封冻，硬邦地卡塞。缩短的脖子陷在肩胛上，依赖体内储蓄一夜的暖，驱赶凛冽。麻黑的树干间，最后一片叶也脱离母体，与地面的撞击声，惊起灰褐的雀儿，簌簌地扑棱翅膀。两排路灯昏黄，听见灯丝与电流吱吱绞缠，拼杀后的顽强，拧出一倾凝如华缎的光彩。不远处的扫街声占尽风头，一下，两下，三下，变得不可数，收拢料峭中曲蜷的陈垢，连心头蹿出旺盛的小杂草，也被这踏实的节奏修剪盘齐。

有蹬三轮的小贩，故意把重心移到高高撅起的臀部，动用轻巧的力量开启乐此不疲的一天。他身后冒着早点的蒸蒸热气，像披件暖和的大氅[②]，又落有祖母腕上一轮老银镯的光亮，成了大氅细碎的点缀。小贩还算均匀的气息被脚下哐当哐当的车链条声吞没，这锈迹斑斑的家当发出悲悯的陈述，枯燥，苍老，无休无止，又仿佛担心突然迸出一声尴尬的断裂，惊魂般打断流畅，如抛锚的船没了生息。小贩一路在与它的互动中得到滋养。几声豫剧唱白，字正腔圆，包裹着清寒，淋着新鲜。延伸的音序在将明未明或是将暮未暮中抛掷，如车痕扭动的蛇迹，深深浅浅，没有尽头。风鼓动腮帮子吹灭最后一盏路灯，东方晦暗的云霞被一道玫红的抛物线分

---

① 幛蔽（zhàng bì）：遮蔽。

② 大氅（dà chǎng）：外套，大衣。

割，如同沸腾的溶液被抛溅上去，光亮的白昼被泄露，所有缓慢的、急切的、柔弱的、生硬的、冷却的、温暖的万物在金阳下开始躁动。

祖母在身体坍塌之前，颠着三指宽的小脚，颤颤地杵立街头，听每日晨声。时光如箭穿透晨夕旦暮，精细地刻出满脸堆叠的皱褶，如蛛网层层，覆盖她灰白的记忆，阻断她晦涩的眸光，留一双聪灵的耳，去聆听。这些层次分明的清响，在堕入更大的喧嚣和混沌之前，如青瓦红墙吐出的一缕炊烟，唤醒耕作的犁铧，唤醒洗衣裳的棒槌，唤醒割茅草的弯镰，唤醒欢快的风箱，唤醒祖母对家乡的惦念。她安于宁静，安于这神清气爽的声音，以及游浮于和乡村音效相仿的所有细节。那哐当哐当的链条声，有了适宜的停顿，“大娘，来份热乎的胡辣汤？”那律动平缓的扫街声，也有了适宜的停顿，“恁早，大娘你不冷吗？”这一男一女的声音是挂在屋檐下融动的冰凌，“叭”落地后溅起的干洌与清脆，足让那风、那叶、那雀也有了停顿。祖母的祥善被嘴角深刻的括号圈牢，随这具瘦弱而执着的躯体，竖立每日晨声。

祖母从未走出生养她的小村庄。那里的草木、砖瓦、水土对她而言都是无限的生命状态，能蜕化出平静的美，而感受到那美，使它变成一种向往，变得越来越丰富，是自己的一种福气。祖母把生养的村庄当作信仰供奉，甚至能对自己的行为做出指导或反省。她用繁盛的痴心抵御父亲的孝心，其实是自己对自己的诚实，实现对自己的完成，拒绝抛负村庄，去城里违心地生活。直到她的双腿已经不能承受身体的重量，她的胸口像鼓风机咕噜咕噜地喘息，她沉重的生命开始揪扯父亲的心脏。

父亲接祖母时，已过麦忙。麦秸垛垛像饱胀的粮仓，交出颗粒丰实。麦场上散发出母性的气息，招来布谷鸟几声留恋的孤鸣，以低头、弯腰和收割的节奏。那把卷入盛大农事的镰刀，也隐去锐利，带着影绰的光亮，带着残留的麦香和小叔的余温，安静地悬在土黄的墙壁上。生活的泥沙俱下，形成激荡磅礴的力，把豫东平原的农村重新陷入荒拓的黑洞。洞穴里，老人、孩子、女人捂紧男人们留下的温度甚至毛发，让亲情、亲子、亲热徘徊不散，让留守成为声嘶力竭的召唤。而他们是被吸附的尘埃，凭风飘向城市的任何罅隙。祖母家三间瓦房，规矩黯淡，耳房偏安，粗饭饱食。一圈院墙短促，混浊竖立。屋前有塘，塘边植柳，柳浪拂堤。夏日，有荷香耐着性子，攀越矮墙款步入堂，轻易惊动院墙根的老羊，它嚼动的嘴角下挂着黏稠的汁水，长长地晃动，咩咩叫着。祖母挪着碎步靠近，抚摩着老羊的头，咩咩叫着。小叔四岁的儿子缠绕祖母膝前，也咩咩叫着。老羊伸出舌头舔她粗糙的手，舔堂弟两挂清水鼻涕，舌头和手在清气里发出粗糙的声音，还有堂弟咯咯的笑。

耳房旁做了灶房。一块青石板灶台，蒙尽尘烟，熏得油光，却掩不了自然的清凉，无心之人自是不能察觉。灶台上有大小两口锅，乌黑的大地锅，铁质沉厚，晦暗处藏有岁月的消蚀。锅檐上圈着两条纹线，紧密团圆。厚重的木质锅盖，圆钝却严丝合缝，生活的冰冷在一把薪柴，一锅沸水中严合地捂暖，煨热。灶台的墙壁上贴了一张灶火爷像，红色渐褪发白，面目不清，而存在就是一种安心与托付。灶壁是黏土和石灰掺和夯实而成，平滑坚固。灶膛阔口四方，星火燎炬，直通烟囱，柴烟不跑出膛口，不呛人，便知是良工巧匠所为。灶台左侧是一架风箱，实木原色，圆柱手柄油润光亮，已被祖母打磨出细腻的纹理，呱嗒呱嗒的节奏是各家灶房每日最平和的吟唱，是饥肠辘辘者紧锣密鼓的催促。这是祖母用一生来经营的主场。她轻轻闭上灶房房门，拍打着两袖灰尘，把一身柴火味、油烟味、箪食味、豆羹味卸下。父亲递上一件偏襟盘扣的确良上衣："娘，穿上，咱该走了。"祖母胸口的鼓风机咕噜噜变得沉闷、结实，像没有炸开的雷，她的手指笨拙地在几粒盘扣上来回打滑，她的眼揉进了瓦垄的黛青，她的嘴角向下，像倒挂的月钩。

祖母依旧坐在院中的木墩上，将盛满发酵黄豆的簸箕置于腿面，长满绿毛、白毛、菌点的黄豆晒成干裂的迹象。祖母摊开手掌揉搓，莹莹的绿，惨淡的白，飞落在变形曲蜷的手指间。阳光下细弱的纷乱，流动着不解和玄妙：富人一本账，穷人一盆酱，平常一罐酱豆，香泽可口，竟历经如此不堪与丑卑。祖母把黄豆簸净，欢快的豆哗啦啦地弹跳，她鼓起腮帮子吹走浮絮，还不断地喊："蛋儿，你弄啥嘞？""蛋蛋，来奶这儿。"声音低沉，像一股泉水埋在废弃的井里。堂弟只挂件粗布坎肩，光着腚，两条滚圆的腿间夹紧一个田螺壳。他像毛线团，抛出去又扯过来，再抛出去。

村舍宁静。地气腾腾地上抽，炊烟就袅袅地上扬。这生于天地的简笔，寥寥成一纸曲谱，能平淡唱吟与布衣蔬菜的晨光之美。

这世界最后的光亮和声音永远关闭在祖母的眼睑里，黑暗再无知觉，而这世界仅囿于生养她的村庄。这村庄有着单调的色彩和纯正的声音。而这色彩和声音从平静中出发，从祖母的心脏出发，不徐不疾，不折不蔓，没有抵达。祖母的葬礼简单干净，哀曲低诉，怕扰了一生清净的她。一垄新鲜的土馒头，立在沉睡的田地里，用不了多久，绿油油的麦苗会淹没她。只是那年，我已远嫁，没赶回去，听，故乡的悲鸣。

【作者：马静】

一、文章分析

1. 第一自然段描写的景物在文章中起到了什么样的作用？

2. 文章描写祖母运用了什么手法？请一一列出。

3. 文章的最后一句“听，故乡的悲鸣”在结构上起到了什么作用？在内容上有什么样的意义？

第十八单元

DI SHI BA DAN YUAN

文／章／一

收藏昨天

经常有年轻朋友来信询问一些有关人生的大问题，我总是告诉他们，你其实已经有了一位最好的人生导师，那就是你自己。

这并非搪塞[①]之言。人生的过程虽然会受到社会和时代的很大影响，但贯穿首尾的基本线索总离不开自己的个体生命。个体生命的完整性、连贯性会构成一种巨大的力量，使人生的任何一个小点都指向整体价值。一个人突然地沮丧绝望、自暴自弃、铤而走险，常常是因为产生了精神上的“短路”，如果在那个时候偶然翻检出一张自己童年时代的照片或几页中学时写下的日记，细细凝视，慢慢诵读，很可能会心情缓释、眉宇舒展，返回到平静的理性状态。其间的力量，来自生命本身，远远大于旁人的劝解。

拿起自己十岁时候的照片，不是感叹___________，青春不再，而长久地逼视那双清澈无邪的眼睛，它提醒你，正是你，曾经有过那么强的光亮，那么大的空间，那么多的可能，而这一切并未全然消逝；它告诉你，你曾经那么纯净，那么轻松，今天让你苦恼不堪的一切本不属于你。这时，你发现，早年自己的眼神发出了指令，要你去找回自己的财宝，把不属于自己的东西放回原处。除了照片，应该还有其他更多的信号，把我们的生命连贯起来。

为此，真希望世间能有更多的人珍视自己的每一步脚印，勤于记录，

① 搪塞（táng sè）：敷衍塞责。

乐于重温，敢于自嘲，善于修正，让人生的前前后后能够互相灌溉，互相滋润。其实，中国古代显赫之家一代代修续家谱也是为了前后之间互相灌溉、互相滋润，你看在家谱中呈现出来的那个清晰有序的时间过程是那么有力，使前代为后代而自律，使后代为前代而自强，真可谓________。个人的生命也是一个前后互济的时间过程，如能留诸记忆，定会产生一种________的动力循环，让人长久受益。一个人就像一个家族一样，是不是有身份、有信誉、有责任，就看是否能把完整的演变脉络认真留存。

我们也许已经开始后悔，未能把过去那些珍贵的生活片段保存下来，殊不知，多少年后，我们又会后悔今天。如果有一天，我们突然发现，投身再大的事业也不如把自己的人生当作一个事业，聆听再好的故事也不如把自己的人生当作一个故事，我们一定会动手动笔，做一点有意思的事情。不妨把这样的事情称为“收藏人生的游戏”。让今天收藏昨天，让明天收藏今天，在一截一截的收藏中，原先的断片连成了长线，原先的水潭连成了大河，而大河，就不会再有腐臭和干涸的危险。

绝大多数的人生都是平常的，而平常也正是人生的正统形态。岂能等待自己杰出之后再记载？杰出之所以杰出，是因为罕见，我们把自己连接于罕见，岂不冒险？既然大家都很普通，那么就不要鄙视世俗年月、庸常岁序。不_____，不赌咒发誓，不祈求奇迹，不想入非非，只是平缓而负责地一天天走下去，走在记忆和向往的双向路途上，这样，平常中也就出现了滋味，出现了境界。珠穆朗玛峰的山顶上寒冷透骨，已经无所谓境界，世上第一等的境界都在平实的山河间。秋风起了，芦苇白了，渔舟远了，炊烟斜了，那里，便是我们生命的起点和终点。

想到起点和终点，我们的日子空灵了又实在了，放松了又紧迫了，看穿了又认真了。外力终究是外力，生命的教师只能是生命本身。那么，就让我们安下心来，由自己引导自己，不再在根本问题上左顾右盼。

左顾右盼，大漠荒荒，其实自己的脚印能踩出来的只是一条线。不管这条线多么自由弯曲，也就是这么一条。要实实在在地完成这一条线，就必须把一个个脚印连在一起，如果完全舍弃以往的痕迹，那么，谁会在意大地上那些零碎的步履？我在沙漠旅行时曾一次次感叹：只有连贯，而且是某种曲线连贯，才会留下一点美，反之，零碎的脚印，只能是对自己和沙漠的双重糟践。

我最合适什么？最做不得什么？容易上当的弯路总是出现在何处？最能诱惑我的陷阱大致是什么样的？具备什么样的契机我才能发挥最大的魅力？在何种气氛中我的身心才能全方位地安顿？……这一切，都是生命历程中特别重要的问题，却只能在自己以往的体验中慢慢爬剔。昨天已经过去又没有过去，经过一夜风干，它已成为一个深奥的课堂。这个课堂里没有其他学生，只有你，而你也没有其他更重要的课堂。

因此，收藏人生，比收藏书籍、古董更加重要。收藏在木屋里，收藏在小河边，在风夕雨夜点起一盏灯，盘点查看一番，第二天风和日丽，那就拿出来晾晾晒晒。

【作者：余秋雨】

一、根据文章内容选择正确答案。（从 ABCD 中选择一个最佳答案）

1. 根据课文内容，在文中选择合适的词语

A. 回荡激扬

B. 生生不息

C. 韶华易逝

D. 孤注一掷

2. 文章称“不妨把这样的事情称为‘收藏人生的游戏’”，其中的“这样的事情”指代什么（　）

A. 动手动笔，做一点有意思的事情

B. 询问一些有关人生的大问题

C. 收藏书籍、古董

D. 在深奥的课堂学习

二、文章分析

1. 文章说，“一个人突然地沮丧绝望、自暴自弃、铤而走险，常常是因为产生了精神上的‘短路’”，其中“精神上的‘短路’”喻指什么？

2. 作者为什么说“收藏人生，比收藏书籍、古董更加重要”？

文\章\二

闲话做人

在我所熟悉的一条著名峡谷里，很有些吸引游客的景观：有溶洞，有天桥，有惊险的“老虎嘴”，有平坦的“情侣石”，有粉红的海棠花，有蜇人的蝎子草，还有伴人照相的狗。

狗们都很英俊，出身未必名贵，但上相，黄色卷毛者居多。狗脖子里拴着绸子、铃铛什么的，有颜色又有响声，被训练得善解人意且颇有涵养，可随游客的愿望而做出一些姿势。比如游客拍照时要求狗与之亲热些，狗便抬爪挽住游客胳膊并将狗头歪向游客；比如游客希望狗恭顺些，狗便卧在游客脚前做俯首帖耳状。狗们日复一日地重复着亲热和恭顺，久而久之它们的恭顺里就带上了几分因娴熟而生的油滑，它们的亲热里就带上了几分因疲惫而生的木然。当镜头已对准它与它的合作者——游客，而快门即将按动时，就保不准狗会张开狗嘴打一个大而乏的哈欠。有游客怜惜道：“看把这些狗累的。”便另有游客道：“什么东西跟人在一块儿待长了也累。”

如此说，最累的莫过于做人。

做人累，这累甚至于牵连了不谙人事[①]的狗。又有人说，做人累就累在多一条会说话的舌头。不能说这话毫无道理：想想我们由小到大，谁不是在听着各式各样的舌头对我们各式各样的说法中一岁岁地长起来？少年时你若经常沉默不语，定有人会说这孩子怕是有些呆傻；你若活泼好动，

① 不谙人事（bù’ ān rén shì）：没有了解，缺乏经验。

定有人会说这孩子打小就这么疯，长大还得了？你若表示礼貌逢人便打招呼，说不定有人说你会来事儿；你若见人躲着走，说不定就有人断言你干了什么不光彩的事。你长大了，长到了自立谋生的年龄，你谋得一份工作一心想努力干下去，你抢着为办公室打开水，就可能有人说你是为了提升；你为工作给领导出谋献策，就可能有人说你会显摆自己能。遇见两位熟人闹别扭你去劝阻，可能有人说你和稀泥，若你直言哪位同事工作中的差错，还得有人说你冒充明白人。你受了表扬喜形于色便有人说你肤浅，你受了表扬面容平静便有人说你故作深沉。开会时话多了可能是热衷于表现自己，开会时不说话必然是诱敌出动城府太深。适逢激动人心的场面你眼含热泪可能是装腔作势，适逢激动人心的场面你没有热泪就肯定是冷酷的心。你赞美别人是天生爱奉承，你从不赞美别人是目空一切以自我为中心。你笑多了是轻薄，你不笑八成有人就说整天像谁欠着你二百吊钱。

你尽可能宽容、友善地对待大家，不刻薄也不委琐，不轻浮也不深沉，不瞎施奉承也不目空一切，不表现自己也不城府太深，不和稀泥也不冒充明白人。遇事多替他人着想，有一点儿委屈就自己兜着，让时光冲淡委屈带给你的不悦的一瞬。你盼望人与人之间多些理解，健康、文明的气息应该在文明的时代充溢，豁达、明快的心地应该属于每一个崇尚现代文明的人。但你千万不要以为如此旁人便挑不出毛病便没有舌头给你下定语，这时有舌头会说你“会做人”。

从字面上看，“会做人”三个字无褒义也无贬义，生活中它却是人们用多了用惯了用省事儿了的一个对人略带贬义的概括。甚至于有人特别害怕别人说他会做人，当自己被说成“真不会做人”时倒能生出几分自得。好像会做人不那么体面，不会做人反倒成了响亮堂皇的人生准则。细究起来这种说法至少有它不太科学的一面：若说“会做人”是指圆滑乖巧凡事不得罪人，这未免对“人”的本身存有太大偏见，人在人的眼中就是这样？那么“不会做人”做的又是什么呢？若是以“葡萄是酸的”之心态道一声“咱们可不如人家会做人”，以此来张扬自己的正直，也未免有那么点幼稚的自我欣赏，更何况用“不会做人”来褒扬真正的品德本身就含有对人的大不敬。

记得有位著名美国作家在给他亲友的信中写道：“我的确如你所言成了一个名作

家，但我还没有成长为一个人。”此话曾给我极大震动，使我相信学会做一个人本是人生一件庄严的事情。这里所讲的做人并非指曲意逢迎他人以求安宁稳妥，遇事推诿[②]不负责任以求从容潇洒；既不是唯唯诺诺，也不是有意与他人别扭。正如同攻击有时不是勇敢，沉默也并不意味着懦弱。真正的做人其实是灵魂和筋肉直面世界的一种冶炼，是它们历经了无数喜乐哀伤、疲累苦痛之后收获的一种无畏无惧、自信自尊、踏实明净的人生态度。那时你不会因自己的些许进步兴奋得难以自制，也不会因他人的某项成功痛苦得彻夜难眠。真正的做人当然还包括在正直前提下人际关系的良好与融洽，卡耐基就说过他事业的成功百分之七十是靠了良好的人际关系。当你真正获得了如此做人境界，“累”又从何而来呢？若说做人累就累在舌头上（这包括了听别人舌头的自由转动和我们自己舌头的自由转动），我倒同意伊索对舌头的评价，他说世界上最好的东西是舌头，最坏的东西也是舌头。这位智者还无奈地说就是上帝也无法拴住人的舌头。舌头的功能已有定论，似舌头们的议论这等区区小累又何足挂齿呢？

所以我要说，不管这世上存在着多少拴不住的舌头（包括本人的一只），不管做人有着怎样的困苦艰辛，学会做人将永远是我一个美丽的愿望。世界上最坏的东西是人，最好的东西也是人呵！我太愿意做人，从未设想过去做人以外的其他什么。

我相信就是怜悯狗之累的那几位游人，恐怕也不会有抛弃人类的向往。当我们把思绪和注意力从市面流行的以“会做人”与“不会做人”来区分人之优劣，从舌头是好还是坏为题的不休争论中超脱出来，人类一定会更加健康地成长，我们的舌头和我们的心一定会因充盈了更多有价值的事情而生机盎然。

【作者：铁凝】

一、文章分析

1. 本文题目是“闲话做人”，文章开头为什么要写狗？

2. 作者提出“你尽可能宽容，友善地对待大家，不刻薄也不委琐，不轻浮也不深沉，不瞎施奉承也不目空一切，不表现自己也不城府太深，不和稀泥也不冒充明白人”，你是否赞成这种观点？

3. 谈谈这篇课文对你的启示。

② 推诿（tuī wěi）：把责任推给别人。

文＼章＼三

在生活中修行

真正的修行不在山上，不在庙里，不能脱离社会，不能脱离现实。要在修行中生活，在生活中修行。你的工作环境就是你的道场、你的坛城。

修行是什么，是不是一定要脱离生活跑到庙里拜佛念经呢？是不是一定要专职打坐、阅读灵修书呢？

当生活出现了问题，我们总感觉是生活的问题打乱了我们的修行。其实修行与生活是一体的，修行的目的也是解决生活中的实际问题，离开了生活谈修行，总不免是在逃避问题……

煮饭、洗碗、做家务，也是一种修行。修行，总会让人想到偏安一隅的山林隐士，幕天席地、禅坐、行脚，苦苦思考宇宙中生的意义。然而修行的定义绝非如此狭隘，在生活中修行，不知要比那些“躲起来”独善其身的人勇敢多少倍，平衡工作与家庭、压力与健康……在错综复杂的关系中寻求平衡，反而更能让我们看清生活的本貌。

不要把修行变成一种逃避现实生活或烦恼的借口。修行不是一种逃跑的方式；修道不是修一条逃跑的道儿。修行更不能成为一种心灵的娱乐。

当修行从实际问题入手，每一个实际问题都是入口。

每一个问题是道场，每一件烦恼的事是道场，每一次情绪的旋风是道场，每一次恐惧的到来是道场，每一个念头是道场。

如果你婚姻有问题，有问题的婚姻就是你的道场；如果你和老公的关系有问题，和老公的关系就是道场；如果你和同事发生矛盾，与同事的矛盾就是道场；如果你陷入生活的无聊，这无聊就是道场；如果你出现了钱的问题，钱就是道场；如果畏惧生死，生死问题就是你的道场。道场在你每一个受难处，道场在你每一个受卡和被卡处。修行必须从那里进行。

不要移过婚姻的问题、同事的问题、无聊的问题、钱的问题、生死的问题，而跑到寺庙、禅堂、山林或修行者多的地方，去玄谈道去，去冥想佛或菩萨去，去念阿弥陀佛或大悲咒去。修行不是为了遇见佛，而是为了遇见你自己。修行应该哪里有问题在哪儿修，修通这个问题。在寺庙、在禅堂、在大山林、在修行者多的地方心情好、没问题，那有什么用?

修行也不是向他人显示你的自我：“看我修行得多好?”“我是一个修行者。”修行是向你自己的生活显示，“看，这个问题难不住我”“它不是问题”“什么也不能带给我问题或烦恼”“存在只能给我喜悦”。

【作者：南怀瑾】

一、文章分析

1. 为什么要在生活中修行？

2. 谈谈你对“修行”这个词语的理解？

文／章／四

人不炼，不成器

人有优良的品质，又有许多劣根性杂糅[①]在一起，好比一块顽铁得在火里烧、水里淬，一而再再而三，又烧又淬，再加千锤百炼，才能把顽铁炼成可铸宝剑的钢材。

黄金也需经过烧炼，去掉杂质，才成纯金。人也一样，我们从忧患中学得智慧，从痛苦中炼出美德。

孟子说：故天将降大任于斯人也，必先苦其心志，劳其筋骨，饿其体肤，空乏其身，行拂乱其所为，所以动心忍性，曾益其所不能。就是说，如要锻炼一个做大事的人，必定要叫他吃苦受累，百不称心，才能养成他坚韧的性格。

一个人经过不同程度的锻炼，就获得不同程度的修养、不同程度的效益。好比香料，捣得愈碎，磨得愈细，香得愈浓烈。这是我们从人生经验中看得到的实情。

我们最循循善诱[②]的老师是孔子。《论语》里孔子的话，都因人而发，从来不用教条。但是他有一条很重要的教训。他的弟子怕老师的教训久而失传，在《大学》里记下老师二百零五字的教训。其中最根本的一句话是：“自天子以至于庶人，壹是皆以修身为本。”

修身，不就是锻炼自身吗?

---

① 杂糅（zá róu）：不同的事物混杂在一起。
② 循循善诱（xún xún shàn yòu）：善于有步骤地进行引导。

修身不是为了自己一身，是为了齐家、治国、平天下。平天下不是称王称霸，而是求全世界的和谐和平。

有的国家崇尚勇敢，有的国家高唱自由、平等、博爱。中华古国向来崇尚和气，“致中和”，从和谐中求“止于至善”。

要求世界和谐，首先得治理本国。要治国，先得齐家。要齐家，先得修身。要修身，先得正心。要摆正自己的心，先得有诚意，也就是对自己老老实实，勿自欺自骗。不自欺，就得切切实实了解自己。要了解自己，就得对自己有客观的认识，所谓格物致知。

了解自己，不是容易的事。头脑里的智力是很狡猾的，会找出种种歪理来支持自身的私欲。

得对自己毫无偏爱，像侦探调查嫌疑人那样窥视自己，在自己毫无遮掩的时候——

例如在梦中、在醉中、在将睡未睡的胡思乱想中，或心满意足、得意忘形时，捉住自己平时不愿或不敢承认的私心杂念。

在这种境界，有诚意摆正自己的心而不自欺的，则会憬然警觉：“啊！我自以为没这种念头了，原来是我没有看透自己！”

一个人如能看明自己是自欺欺人，就老实了，就不袒护自己了。这样才会认真修身。修身就是管制自己的情欲，超脱“小我”，从而顺从灵性良心的指导。

能这样，一家子就可以很和谐。家和万事兴。家家和谐，又国泰民安，这就可以谋求国际的和谐共荣、双赢互利了。

在这样和谐的境界里，人类就可以齐心追求“至善”。这是孔子教育人民的道理，孟子继承、发挥并充实了孔子的理论。

上文所讲，都属“孔孟之道”。

修身——锻炼自身，是做人最根本的要求。天生万物，该是为了堪称万物之灵的人。但是天生的人，善恶杂糅，还需锻炼出纯正品色来，才有价值。

这个苦恼的人世，恰好是锻炼人的处所，好比炼钢的工厂，或教练运动员的操场，或教育学生的教室。这也说明，人生实苦确是有缘故的。

【作者：杨绛】

一、文章分析

1. 本文主要表达了什么？

2. 怎么才能做到“人成器”？

编后记

BIAN HOU JI

《对外汉语泛读教程》获兰州大学 2018 年双一流教材建设专项资金支持。从教材建设立项到现在已经近三年时间了，但我们关注对外汉语泛读教学实际上早在十年前就开始了。

十年前，编者入职兰州大学国际文化交流学院时，便承接了哈萨克斯坦国立民族大学本土教师暑期夏令营的项目，与哈国本土汉语教师多有交流接触。在交流过程中，有几位老师希望我向他们推荐一些能够体现中国历史文化特色的现代阅读材料。他们知道中国的典籍文献非常丰富，但是限于汉语水平和时间，阅读大量中国古代历史文化典籍不太现实，而那种泛论中国历史文化的教材，也往往失之于抽象泛化，难以使其获得具体的文化阅读体验。从那时起，编者便注意在教学过程中搜集相关阅读课的教材资料，发现大量阅读教材是以精读为主，选文材料多偏重对语言知识的学习。这种设置对于初级、中级阶段自然是必须的，但是一些高级阶段的阅读教材也多有此倾向，且选文质量参差不齐。有鉴于此，编选一部长度适中，能体现中国文化特色的高级阅读现代读本，就一直是编者的一个心愿。但是由于教学任务繁重，进度较为缓慢，直到获得学校的双一流教材建设支持后，有了项目的鞭策作用，这项工作才加快了一些进度。

项目立项之后，编者就开始着手建构编辑体例、选文标准，并带领自己的研究生团队编选文章，试图通过选文实现“中国文化现代读本”这一目标。在编选过程中，学院领导也非常注重教材的质量与进度，于 2019 年秋举行了双一流教材建设中期报告检查会。在中期检查会上，

编者就教材建设内容、进度安排及遇到的困难等问题向外聘专家兰州大学文学院赵建新老师、外国语学院路东平老师及学院教指委成员张稳刚院长、刘晓燕副院长、吴万佩老师、原梅老师、焦浩老师等作了交流汇报，并认真听取了各位专家老师的指导建议，如赵建新老师提出的注意选择典范的现代文的建议，路东平老师和吴万佩老师提出的注意教程的使用性，要兼顾精读与泛读的建议等，并结合各位专家老师的建议对教程的编排体例做了适当调整。

本教程编选了一些作品作为阅读材料，在此我们谨向原作者表示诚挚的感谢。对外汉语阅读方面的教材有其特定的阅读对象，篇幅长短方面也有限制，因此我们在编选中对部分作品进行了增删，对部分超纲词汇及非常见词语进行了调整改写。部分作品无法与作者取得联系，为尊重作者的著作权，凡有意愿的作者，可以跟编者联系，我们将略付薄酬，以示感谢。

主编联系方式：zhud@lzu.edu.cn。

兰州大学国际文化交流学院　祝　东

2020 年 3 月 30 日